SHODENSHA
SHINSHO

婦」という幻想

——なぜ、結局いがみあってしまうのか

学

祥伝社新書

はじめに

熟年離婚がすっかり当たり前の世の中になりました。

厚生労働省の統計も証明しています。平成七年度と平成十九年度の離婚件数を比較してみると、結婚して三〇年以上をへた夫婦の離婚は二・二倍に増えています。五年未満の夫婦の離婚が一・一三倍増なのに比べると、大変な伸びです。

もっとも、ひと世代前の発想からすれば、三〇年も持った夫婦が別れるなんてことは想像もつかない。夫が定年を迎えて、さぁ、これから死ぬまで夫婦水入らずの時間を楽しもうよ、という頃合いだったはずでした。

ところが、そう考えていたのは今も昔も、夫だけ。時代が変わって、妻たちは、「もう、かんべんしてくれ!」という本音を口にするようになりました。それが、定年直後に突きつけられる離縁状です。

ちなみに昭和五十年度の同年代の離婚件数と比較すると、一三・六倍増。ほんの三〇年ちょっと前まで熟年離婚は皆無に近いものでした。夫たちは、母親世代の神話を拠《よ》りどころにして、「夫婦は長く持てば、最後までまっとうできる」と信じ込んできました。しかし、こうした過去の〝常識〟にも完全に終止符が打たれようとしています。

熟年離婚の件数が急増していることは、何も異常事態ではなく、若い世代の離婚の水準に近づいているのにすぎません。かつては死ぬまで我慢していた妻たちが、昨今は最後の自由（人間らしく生きる権利）を行使するようになっただけなのです。

あぁ、知らぬは、夫ばかり……。

妻は、ずっと前から夫のことがつくづくイヤになっていた。が、子どもの教育や父母の看病なんかがあって、切り出すタイミングがなかった。夫は年を追うごとに傍《ぼう》若無人《じゃくぶじん》にふるまう。あのとき、せっかく縁あって連れあったのだから、もう少し我慢してみようと思い直した自分が甘かった。

こうして妻の不満は、積年の恨《うら》みに近いものとなっていきます。

何度もサインを出したが、夫は気づく様子すらない。それも当然、夫のほうは、「ここまで続けば、安泰」といった過去の通例にとらわれています。

そして、妻の実力行使の日がやってくるのです。夫にとっては青天《せいてん》の霹靂《へきれき》。あたふたしても、もうあとの祭り。妻は腹をくくっている。しかし、この期《ご》に及んで、まだ冗談だと思っている夫もいるそうです。

昨今、婚活（結婚活動）ならぬ「離活《りかつ》」という新語を耳にするようになりました。離婚後は金銭的にも法的にも有利に運びたいとまで考えるようになった妻たちが、そのテクニックを専門家や弁護士に相談中というわけです。

本書は、妻の実力行使を寸前で食い止め、夫たちのささやかな願望でもある「妻に看取《みと》られて死ぬ老後」を実現してもらうために書いたものです。

明日からでも、遅くありません。あなたが変われば、妻も出しかけた手を引っ込めるかもしれません。妻が最後の札《ふだ》を切るかどうかは、夫しだいなのです。

二〇〇九年八月

斎藤《さいとう》　学《さとる》

「夫婦」という幻想――目次

第4章　「結婚生活」をレビューする　139

~私自身、どのように「夫婦」をやりくりしてきたか~

第5章　夫婦も「契約更改《こうかい》」！

～夫婦関係も、アパートの賃貸契約と変わらない～

第1章　妻のサインを見逃すな！

～しょっちゅう「離婚」を口にしていませんか？～

殺したいほど憎まれている夫たち

少し前、就寝中の夫の頭を妻がワイン瓶《びん》で殴って殺し、遺体をバラバラに切断して公園などに運んで捨てたという事件がありました。

ワイン瓶が一本あれば、女は男を殺せるのです。ベッドを共にする関係にさえあれば、寝込みを襲えば簡単です。そう考えてみると、結婚生活というのは恐ろしい。すべての夫は、妻に殺したいほど憎まれていないか、振り返ってみる必要があります。

他人事ではないので、妻が夫を殺す件数はどれくらいかなと調べてみました。二〇〇三年の警察庁資料によると、配偶者間殺人二一五件のうち、女性が加害者となったものは八二件。なんと三八・一%は夫のほうが殺されていることになります。

配偶者暴力というと、夫から妻への暴力という印象があります。確かにほとんどの場合がそうなのですが、身体的・精神的な暴力を受けつづけた妻が、寝ている夫を、泥酔している夫を、衝動的に殺すのは、決してまれではありません。

計画的に殺そうと思ったら刃物くらい用意するのではないかと思います。凶器がワイン瓶というところが、衝動的な行動であったことを想像させます。

私はクリニックでさまざまな問題を抱えた人たちの治療にあたっていますが、妻たちの話を聞いていると、夫を殺したいほど憎んでいる妻は少なくないのです。

夜、隣でいぎたなく寝ている夫の姿を見ていると、ムラムラと殺意がわき起こってくる。なぜこの男が、当然のような顔をして私の隣で寝ているのか。たいして偉くもないくせに偉そうにいばっている男の、この間抜け面《づら》。ながめているうちにヒゲの生え方まで憎くなってくる……。

そしてまた、これほど憎まれている夫がクリニックに現われると、たいていその自覚はまったくありません。夫のほうは、そこまで妻に憎まれているとは気づいていない。その無神経さ、鈍感さがさらに妻の殺意を高めます。

「定年ブルー」——夫の定年を前にした妻たち

夫の定年を間近にひかえた妻たちの多くは憂鬱《ゆううつ》になっています。もうじき夫が毎日家にいる生活が始まるのだと思うと、耐え難い。一日中、顔を突きあわせていなければならないと想像するだけで、ずっしりと憂鬱な気分は深まります。「定年ブルー」

です。

それに比べて夫のほうはどうでしょうか。

「今まで何十年も家族のために一生懸命働いてくださって、ご苦労さまでした」と妻に感謝されることを期待している夫は多いでしょう。感謝どころか妻がブルーになっているとは思いもよらない。

これから、仕事や肩書きを失う不安や寄る辺《よべ》なさを、妻で埋めようと思っている夫もいるでしょう。

「今まで仕事、仕事であまり妻と過ごす時間もなかった。これからは二人でのんびり旅行でもしようではないか」

と、「妻にもごほうび」くらいの気分でいる。これが大きなカン違いで、妻のほうは決して夫といっしょに旅行に行きたいとは思っていません。突然の夫の申し出にとまどう妻。これを夫たちは、感激のあまり照れ隠しでイヤな素振《そぶ》りを見せているんだろう、なんて考えている。ああ、男というものは、どこまでひとりよがりな存在なのか。いまさら夫と二人で旅行だなんて、「ごほうび」どころか「罰ゲーム」のようなものです。

今までずっと苦労してきたのに、そしてこれから毎日夫の顔を見るという不快に耐えなければならないのに、なぜ二人きりで旅行などという苦行《くぎょう》を強《し》いられなければならないのか。妻はそう思っています。

私が大げさなことを言っていると思う人は、危ない。

「世の中にはそんなひどい妻もいるのだなぁ」と、他人事のように思っている人は危ない危ない。こういう妻は決して世にも珍しい悪妻ではありません。あなたが普通の夫であるのと同じくらい、普通の妻です。

男というのはだいたい鈍感な生き物です。自分より強いものの顔色には敏感でも、自分より「下」と思っているものの思惑《おもわく》には、いたって無頓着《むとんちゃく》。

つまり夫の多くは妻の気持ちに鈍感で、自分勝手にいろいろ読み間違えていると思ったほうがよいでしょう。

「こんなに長年苦労して給料を運んでやったんだから、言葉に尽くせないほどの感謝をされても当然だ」

「今まで放っておいたけど、やっと二人きりになれて、妻も喜んでいるだろう」というような、「俺様」流の発想しかありません。そして読み間違えているということにも気づかない。これまで気づく必要もなかったからです。

夫は妻に屈辱を強《し》いてきた

私たちはまず自分の家族を「家族」というものだと思って育ちます。幼い頃は、家族というのはどこの家族もみな、うちの家族のようなものだと思っている。

そのうちに、「みんなのうちにはお父さんとお母さんがいるのに、うちにはお母さんしかいない」と気づいたり、お友達のうちに遊びに行くと、どうも自分のうちとは様子が違うと感じたりします。

そして決定的に「おかしいぞ」と気づくのは結婚してからでしょう。結婚したら、自然と自分のうちの家族と同じような家族ができ上がるものだと思っていたら、そうは問屋がおろさない。相手のほうも、自分の家族と同じような家族ができると思っている。そして二つの家族像は、結婚前から想像もつかないほど違っているのです。

まったく異なった「家族・親族」を背後に抱えた二人が、それぞれ自分の思い描く「幸せな家族」を作ることができるものとカン違いしながら、いっしょになる。結婚とはそういう恐ろしいものです。

けれどもつい最近まで、この矛盾は女性が我慢することで処理されてきました。女性が相手の「家に入る」のが結婚。嫁《とつ》ぎ先の家風に染まり、嫁ぎ先の風習に合わせ、それまで自分が形作ってきた価値観はすべて捨て去って、夫の家族の一員となることが結婚だったのです。

男性は今でも「それが当然」と思っている人が多いでしょうが、これって、女性の側から見れば大変なことではないですか。

女性の生家にお婿《むこ》さんとして入り、その家の家風にすべてあわせ、妻の家族の考え方をすべて受けいれ、自分が生まれ育って以来大事にしてきた価値観はすべて捨て去らねばならない。「オレのおふくろの味……」なんて、口に出そうものならば、婿入《むこ》り先のこわい両親から、「あなた、そんなこと言うんだったら、今すぐ荷物をまとめて出ていっていいのよ。私たちは、孫さえいればいいんだから」と、やり返されます。あなたの妻は、その様子をうつむきながら過ごそうとしている。ひどい場合は、いっしょになって、「そうだよ、あなたも○○家に来たんだから、○○の味に慣れてもらわないと……。味覚というのは、家の基本だからね」。

あなたは、そんなことができますか？

たいていの男性は、「屈辱的」と感じるのではないでしょうか。けれども、女性にそのような屈辱を強いることは「当然」としてきたのが、これまでの結婚なのです。屈辱を強いているという意識も持っていない男性が多い。

女性のほうも、これまではその屈辱を忍耐するのが当然のように思ってきましたが、最近はその「当然」が崩れてきました。

崩れてきたことに男性のほうは鈍感ですから、まだ「女があわせる」ということでいけると思っている。妻からのたびたびの抗議にも気づかず、一方的に自分に従わせようとしているうちに、妻が実力行使に訴える。殺される人もたまにはいるでしょうし、離婚届を突きつけられる人はもっといるでしょう。

夫に先立たれた妻は元気で長生き

私の見る限り、離婚ということになって困るのは、だいたい男のほうです。女性はひとりになるとすっかりのびのびと元気になって、楽しそうにお友達と旅行になど行っている。

離婚だけではありません。夫に先立たれた女性に、

「お寂しいでしょう」

などと声をかけたら、困ったような顔をされたことがあります。

「いえ、それがけっこう快適で……」

とおっしゃる。

「食事もひとり分作ればいいし、習い事のお友達に週二回は会うし、週一回は息子が来てくれる。先生、楽しいです。でもみなさんが『お寂しいでしょう』と気づかってくださるので、そのときはいちおう神妙《しんみよう》な顔をしています」

だそうです。彼女の夫は非常に優しい人で、最後はガンで亡くなりましたが、彼女も献身的に介護をしていました。夫婦関係は決して悪くなかったのです。その方でも

この有様ですから、ましてや「早くいなくなればいいのに」と願望されていた夫が亡くなったとき、その妻がどう思うかなんて、あらためて説明する必要もないでしょう。

これに反して男性のほうは、ひとりになるとすぐ弱ってきます。女性は晩年ひとりになると長生きするようですが、男性は晩年ひとりになると長くはありません。

女性は夫といっしょに生活することがストレスであり、男性はひとりでの生活がストレスになるのです。一方にとっては、「それ」があることがストレスであり、もう一方にとっては、「それ」がないことがストレスなのです。一般的に結婚とは、そういうものです。

あなたの夫婦関係は想定の範囲内か

ひと頃「想定内」という言葉が流行《はや》りましたが、夫婦関係もプラスマイナスいくつという想定の誤差範囲内におさまっていれば、一応「うまくいっている」といえるでしょう。一定の予測点にぴたりとおさまるということはありえません。

「妻」であることが、もはや「役割」ではなくなってきました。ひとりの女性として、ひとりの他人として立ち上がってきたのが現代の夫婦関係のいちばんの特徴だと思います。

「妻」という役割を相手に割り振って得をしてきたのは、今までもっぱら夫のほうだったのですが、得をしていたほうが、これからも同じ形にこだわりたいと思うのが間違いです。

　結婚をする動機がそもそも違う。家から逃げたかったというだけでいっしょになった女の人はいっぱいいます。こんな冷たい家はイヤだとか、こんなやかましい家はイヤだと思っているところへ男と出会い、まぁそこそこの男だからいいやと思って結婚している女性も多いでしょう。

　妻からしてみれば、べつに「この人でなきゃ」と思っていっしょになったわけではない。「職場がイヤだから結婚」というのもあります。家と職場から逃げるというネガティブな理由で結婚しているのに、夫側は「自分が選ばれた」ように思っていると、最初からもう想定範囲が違っています。

そのほころびが見え始めるのは、早い人で三、四年でしょうか。妻の側から冗談めかして、あるいは真剣に、「離婚」という話が頻々《ひんぴん》と出てくるようになります。

みなさんにも覚えがあるでしょうが、職場でもなんでも四年くらいすれば慣れてきます。最初は新鮮な気持ちで見ていたものが当たり前になり、出た成果も当たり前に思えるようになってきます。

結婚にも、結婚で得られるメリットがあります。結婚するときにはメリットのほうに盛大にスポットライトが当たっているわけですが、毎日を繰り返すうちにそのメリットは当たり前になってきます。徐々《じょじょ》に、結婚することによってこうむったデメリットのほうにスポットライトが移動してきます。そして気がついたときには、あたりはすっかり暗くなって、デメリットだけがピンポイントで照らし出されているわけです。

妻がよく「離婚」と口にするのは、冗談なのか？

たとえば妻の側からすれば、独身時代に仕事をしていたのに、夫の転勤について行くのでキャリアを捨てざるをえなかった。結婚してしばらくは仕事を続けていたけれど、子どもが生まれてやめざるをえなかった、というようなデメリットがあります。日本の社会構造そのものが、マザーとワーキングウーマンを両立しにくい仕組みになっていますから、女性は結婚によって捨てるものが大きいのです。

自然、「この男にすべてを賭《か》ける」ということになり、とてもすべてを賭けられるような男ではないことはわかっていながら、ごまかしごまかし、三、四年やってくるのですが、疲れた夜にふと隣を見ると、なんでこの男がここに寝ているのか、ヒゲの生え方まで気に入らないという話になるわけです。

そして「離婚」という言葉が妻の口からもれはじめますが、夫のほうは寝言くらいの感じで聞き流しています。

妻が「離婚」「離婚」と言うのは、「私たちの夫婦関係を考え直してほしい」というサインなのです。だから、たとえ笑いながら話していても、冗談ではないのです。もちろんそれまでにもいろいろと小さな不満を口にしているのですが、だいたい男は、女性がやんわりと抗議しているうちはまったく気がつきません。

夫がいっこうに取りあってくれないため、妻は「離婚」という言葉で夫を話しあいのまな板の上に乗せようとします。

「えっ、離婚？　それは困る。何が不満なの？　話しあおうよ」

と夫に気がついてほしいのです。

ところが夫は、妻ほど結婚に不満を感じているわけではありませんし、自分は充分いい夫だと信じ込んでいます。離婚されるような悪夫とは思えない。こんないい夫に「離婚」だなんて「まさか」と思いますので、取りあわない。

離婚と言われて困ったりあわてたり、弱みを見せたくないという気持ちもあるかもしれません。自分が妻に「離婚、離婚」と文句を言われるような男であることから目をそらしたいという願望もあるのかもしれない。

妻のほうはそうやって現実から目をそらすのが限界にきているのですが、夫のほうは「気づかない」「向きあわない」のです。ここで向きあっていれば、まだ何とかなるのですが、事態は悪いほうに進んでいきます。

妻が自分の実家で「離婚、離婚」と愚痴《ぐち》っていませんか？

夫に「離婚」「離婚」と言ってもとりあってもらえない妻は、他の人にも言いはじめます。たとえば自分が生まれ育った家族です。

両親や兄弟姉妹などに「あの人は困る。離婚したい」などと不満をもらす。夫婦という「一対一」の関係では埒《らち》があかないので、第三者の助けを借りようとするわけです。

ここで夫が、

「妻は義母に不満をもらしているようだ。これはまずい。少しは考えないと」

と思えばいいのですが、まだまだ考えない。むしろ自分の体面を傷つけられたと不愉快に思う人のほうが多いわけです。

「いい年して、みっともないマネはよせ」などと注意したりします。

また、妻のほうの両親も、「結婚とは女が我慢するもの」という信仰の持ち主だったりすると、夫と同じく取りあいません。むしろ、

「私だって結婚生活に耐えてきた。あなたもそれくらい我慢しなさい」

「男の人は外でがんばって働いているんだ。愚痴ばかり言わずもう少しA夫さんに感謝しなさい」

と逆に諭《さと》されたりして、いよいよ孤立無援《こりつむえん》となります。

妻には離婚したくても離婚しにくい状況があります。いったんキャリアを捨ててしまった女性は、なかなか元の条件では戻れない仕組みになっています。自分で稼《かせ》ぐには安い時給のパートという選択肢《し》しかないという女性がほとんどでしょう。

そして東京の家賃はめっぽう高い。パートの給料で高い家賃の部屋を借りて自立するのは楽なことではありません。

結果として、その弱みにつけ込んで、夫は妻を甘く見ています。「離婚、離婚なんて騒ぐだけで、実際はひとりで食ってもいけないくせに」と。

女性がひとりで、あるいは子どもを抱えて食っていくのが難しい「仕組み」を作っているのはこの男性社会なのですが、男のほうは自分が男性社会から得られるメリットを「当たり前」と思っていますから、

「誰が稼いでると思っているんだ」

という愚かな言葉を平気で口にします。

ある女性は、長年、自分の兄に「離婚、離婚」と訴えていたのですが、まともに取りあってもらえず、あるとき、

「なんだおまえ、まだ離婚していなかったのか」

と冗談を言われました。離婚したくてもなかなかできない状況に追い込まれているだけでも屈辱なのに、このような心無いひと言は、まったく冗談になりません。屈辱の上にさらに屈辱を与えられ、女性は砂をかむような思いをします。


ついに、「離婚」という言葉さえすっかり出てこなくなってしまったら……


夫が無神経にも今までと同じようにわがままを言っているうちに、「離婚」という声は聞こえなくなります。これはべつに妻が結婚生活に満足したからではなくて、あきらめはじめたからです。

それまでは本気で夫に対して怒っていたのが、「ふん」と鼻であざ笑うようになってきたら、段階が進んだと見てよいでしょう。

夫のやることなすことにいちいち「何言ってんだ、この男は」と冷たい批判の目で見るようになってくると、もういけません。あなたの存在そのものが許せなくなってきたと思ってよいでしょう。これは末期段階です。

還暦を迎えて子どもたちが「二人で行ってきたら」と旅行をプレゼントしてくれたと喜んでいたら、妻に同行を拒否されたりします。夫のほうは青天《せいてん》の霹靂《へきれき》といった感じでびっくりし、

「そんなに不満があったのなら、なぜ今まで何も言わないんだ。言ってくれなければわからないじゃないか」

などと言って、妻を驚愕《きょうがく》させます。この人に何を言っても無駄《むだ》だという私のあきらめは正しかったと、今さらながら再確認します。

そうなのです。妻は何十年もあなたへの不満を四季折々に口にし、態度でも示していたのです。それなのに、夫はそのサインに気づかず見逃していた。男性はもともとコミュニケーション能力において、女性よりはるかに劣っています。

ましてや、たかが我が妻の不満です。上司の思惑を読み取りそこねたら大変なこと

になりますが、妻の思惑など最初から読み取ろうという気もない。読み取りそこねることの危険に気づくこともありません。

自分は「風呂」「飯《めし》」「寝る」など、五歳児並みの言語能力で、あとは妻が自分の気分を細かく読み取ってお世話してくれるのが当たり前だと思っている。妻が読み取り違えたら、たちまち不機嫌になって「気の利《き》かない女だ」などと文句を言う。お殿様のように生きてきた。それが現代では通用しなくなってきた……という危機意識を持つ必要があります。

あなたの趣味の話を嫌うようになる

少しは「もしかしてウチも……」という疑いが芽生えてきたでしょうか。鈍感な男性読者のために、もう少し妻からの「サイン」をながめてみましょう。

あなたにも覚えがあるはずです。交際時代はいそいそと妻に会いに行き、妻のたわいもないおしゃべりが木漏《こも》れ日の間から聞こえてくる小鳥のさえずりのように心地よく、いつまでも聞いていたかった。それがいつの頃からか、妻のおしゃべりがカバの鳴き声のようにしか聞こえなくなってくる。

妻のほうも結婚前は、たとえば、あなたの唯一の趣味である「蝶々《ちょうちょう》の標本集め」の話に目を輝かせて聞いてくれた。ときには彼女のほうから、「あの蝶は、何?」と聞いてくることもあった。しかしいつの頃からか、蝶に興味をなくしたようだ。まぁ、お互いこんなものだろう。もともと女なんかに高尚《こうしょう》な趣味を理解しろというほうが無理なんだ……などと思っていると、そこに大きなすれ違いがあります。

あなたには、妻のおしゃべりは最初から小鳥のさえずりのようにしか聞こえていなかった。小鳥がカバに変わっただけで、話の内容には興味がありませんでした。ところが妻のほうは、あなたの蝶の話をずっとまともに一生懸命聞いていたわけです。

そしていつしか気がつきます。私はこの人の蝶の話を一生懸命聞いているが、この人は私の話にまったく興味がない。いや、私の話どころか、私自身に興味がない。適当に聞き流している……と。これは癪《しゃく》に障《さわ》ります。夫の蝶の話を分かちあっているように、私が大事に思っていることにもうちょっと興味を持ってほしいのですが、夫は自分の趣味にしか関心がないようです。

大事な話をしようと思っても耳を傾けず、蝶の話ばかり熱く語る夫。ちょっと怒ってみると、夫はちょっときょとんとして引き下がります。そのときの夫の頭の中は、「今日は生理前かな」くらいのものです。

妻にしてみれば、蝶の話より、たまには二人のことについて熱く語りたいのですが、そのメッセージは伝わっていません。そのうちに、夫が蝶について話題にしても、「ふーん」という冷や水を浴びせかけるような答えしか返ってこなくなる。面白くないのでだんだん妻に蝶の話をしなくなります。

しかし実は、この興味なさそうな「ふーん」は、夫のモノマネなのです。夫が妻の話を聞くときの態度を、妻はマネしている。みずから鏡となって、

「ほら、せっかく人が一生懸命話しているときにこんな態度をとられたら面白くないでしょう」

と夫に気づかせて反省してほしいのですが、もちろん夫は気がつきません。そこに蝶の話に目を輝かせてくれる若い女性が現われたりすると、そちらに飛びつく人もいます。

最近、妻が無口になっていませんか？

妻が最近、無口だ……これも妻からの大きなサインです。「言っても無駄」と思い始めた妻は、無口になることであなたに抗議しはじめました。そのとき、「何をそんなにイライラして怒ってるんだ、何かあるなら言ってごらん」というゆとりがある夫ならいいのですが、不機嫌で急に無口になった妻に対して自分も無口になることで、妻を懲罰した気になってきます。ちょっとした冷戦です。

夫のほうにも言い分はあって、妻に「やることはやってるんだ」という態度を示されるのがカチンとくるのです。帰ってくると一応、食事が作ってある。だけど妻は夫を無視してもう寝ている。またはテレビを見ている妻に「ただいま」と言っても振り向かない。

レンジでチンしたおかずをもくもくと並べる妻に不快感を感じても、

「飯はどうしたんだ！」

と怒鳴《どな》るわけにもいかない。妻にしてみれば、この「無口」こそ、夫のモノマネ。しゃべりかけても「あぁ」「ふん」しか言わない夫に腹を立てて、自分もしゃべる気をなくしているのですが、そんな状態が二、三カ月続くと、夫のほうも「いいかげんにしろよ」という気分になってきます。

それでもイライラする夫はまだマシで、カバの鳴き声が聞こえなくなって静かでいい、と喜んでいる人も多いでしょう。

もしかすると、最近、家の中が静かになったことに気づかない人もいるかもしれません。蝶の標本に没頭している夫は、周囲の喧騒《けんそう》に関係なく、いつも心の内は静かなのです。危機が近づいていることも知らずに。

妻がやけに活《い》き活《い》きと明るくなってきた

妻が無口になったというのも危ないのですが、逆に妻が最近やけに活き活きして明るいというのも危ない。

私のクリニックに来ていたある女性は、あるとき知人のパーティーで五歳年下の起業家という男に出会いました。事務所に遊びに行ってみると、大学時代の友達と二人でやっていて、何を起業したのかややあやしげですが、でも話を聞いているととても面白い。自分の好きな仕事をやって活き活きとしているのです。

蝶々の話しかしない理科教師の夫のつまらなさにうんざりしていたところに、何かスリリングな人生を歩んでいる男に出会ってしまった。

五歳年下、年収は夫の三分の二以下、でも乗っている車はアルファロメオ。明らかに背伸びしていて、危険がいっぱいです。だけど、ときめいてしまう。このままつまらない人生を送っているより、これに賭けてみようかしら、と彼女は思いました。

「どうすればいいですか」と聞かれて、私は「とりあえず今の夫は手放すな」と言いました。今の木は握っておけと。もうひとつの木がはっきりしない、ぽきんと枝が折れるかもしれないのに、こっちのを手放したら、地面に落下するかもしれません。だから両方握っておきなさいと。

私は、「こっちの細い木には手を伸ばさないほうがいい」とは言いません。つきあいは続けてもいい。四、五年、いや二、三年で大化けするかもしれません。しっかりした木に育ちそうだったら乗り換えてもいいんじゃないのと、言いました。

彼女は年下の男と密会を続け、みるみるうちに活き活きときれいになっていきました。夫から見たら、妻は不思議な人でしょう。

なんだか最近あまり家にいない。話しかけても、こちらを見る眉間《みけん》にしわが寄っている。けれども夫の頭には浮気の「うの字」も浮かびません。そういうのはドラマの中の話で、まさかたいした魅力もない自分の妻が若い男と浮気するとは思いもよらない。

妻が夫に感じるつまらなさとは、まさにそういうことです。妻が無口でも活き活きしていても、まったく無関心。妻の内面に興味がないのです。妻にしてみたら「誰でも同じなんじゃないの、この人」と思います。私が妻でなくてもよかった。蝶々の話を熱心に聞いてくれる人であれば誰でもいい。妻が何に熱中しているかはどうでもよいのです。それが、たとえ他の男であっても。

マッサージに通いはじめた妻

妻が最近、新しい趣味に熱中している。これも何かのサインかもしれません。「詩吟《しぎん》の会」とかに通いはじめて、家でウンウンうなっている。なぜ急に詩吟になど興味を持ったのかなぁとぼんやり思いますが、もともと妻の興味にさしたる関心はないので、「まぁ何かに熱中するのはいいことだ、最近、機嫌もいいし」と思います。その会に素晴らしく美声のおじいさんがいて、恋をしているのかもしれません。

最近、ひんぱんにマッサージに通っているというのも要注目です。日頃、さまざまな鬱積《うっせき》を抱えている女性たちは、たいがい肩がこっています。たまりにたまった不満と怒りが肩こりになるのです。

そこでマッサージや整体に行く。マッサージは体を触ってもらう行為です。自然と肉体の接触ができますから、男女の関係に発展するまでの垣根が低い。

クリニックの患者さんでマッサージ師と食事をするのがクセになっている女性がいて、この人はしょっちゅう相手をかえます。「ちょっとこの頃飽《あ》きてきたわ」と言って、新しいマッサージ師を開拓しています。

けれどもこの人の場合、ランチが最終コースです。気に入ったマッサージ師がいると、ランチに誘う。そして夫に内緒で密会ランチを繰り返します。でも、どうもそれ以上に進む勇気がないようで、しばらくするとランチの相手がかわっています。

そのうちに中国人の整体師に行きつきました。肉体的接触が気持ちよくて整体してもらっているうちに、今度は「自分でやってみる？」という話になり、ツボのことなどを教えられているうちに面白くなってきて、講習代を払って整体を勉強しはじめました。

そして研修旅行と称して、お師匠さんといっしょに中国旅行に出かけました。なかなか人気のある整体師らしく、日本人の女性を二〇～三〇人引き連れて、故郷に錦《にしき》を飾る研修の旅に出たのです。この人に入れあげている六〇歳、定年間近の女性教師もいるそうです。

カンフーとか気功とか、肉体的に気持ちよいものに走ると、そちらに充実感を感じてすっかりのめり込む人は多いようです。ですから、妻が「気」がどうのこうのと言い出したらあやしい。

妻の料理が手抜きになっていませんか？

クリニックの患者さんでも、アルファロメオ男や整体師などを相手によろめく人は多く、そのときは本当に今の生活をすべて捨てようかとまで思うようです。ところが、面白いことに一年もたつと、そのことを口にもしなくなります。

整体師めぐりの女性も、一年後には夫と二人で、ひきこもっていた息子を連れてこのクリニックに通い始めました。

もともと私と知りあったきっかけが、この長男のひきこもりの問題でした。とにかく長男をなんとかしたくてしょうがない。けれども私は、長男のことよりまず自分の生活パターンを変えるように勧めました。子どもの問題は、十のうち八、九が、夫婦の問題なのです。

「そんなルーティンの主婦の生活をやっているから、長男のことが気になってしょうがない。外へ出て本でも読め、コーヒーを飲みに行け」

と。そのコーヒーがマッサージになり、中国研修旅行に発展していったのですが、止めませんでした。

つまらない夫とひきこもりの長男のことで頭がいっぱいで、それで人生がおしまいになっていいのか。外へ出れば出会いもあり、恋におちることもあります。そういう事件によって普通の妻が活き活きしてきれいになり、人間らしさを取り戻すのです。

けれどもその変化に夫はまったく気づかない。夫のほうは朝早く会社に出かけ、帰ってくるのは深夜。家庭の心配事といえば、実家の母と嫁さんが仲良くやっているかという案件に限られます。

むしろ母のよろめきに気づくのは、ひきこもりの息子であることが多かったりします。

「お母さんの料理、この頃手抜きが多いね」

などと言う。夫のほうは、そこらへんで惣菜《そうざい》パックを買ってきて出しても気づきません。

あるひきこもりの男性がそうでした。小学校三、四年から一〇年以上、どこへも出たことがなく、二五歳になった男性です。

そうしてずっとひきこもっていたのですが、母のよろめきをきっかけに、このクリニックに来るようになりました。ひとりで電車に乗れないので母親といっしょに来ていますが、これは大きな変化です。ここに来るとけっこうぺらぺらいろいろなことをしゃべっていきます。

普通の人から見たら、社会適応していないのだから全然よくなっていないでしょうが、私から見れば、外へ出たというだけでもかなり好転しているのです。彼の変化のキッカケは母親の変化でした。

彼は、母さんが外でなんかやってるな、とカンづいた。どうも他の男と浮気をしているのではないか、と。それまでは、「家は安全、外は危険」という思考のもとにひきこもりをやっていたのですが、家そのものがそれほど安全な穴ぐらではないと気づき、危機を感じはじめたのです。

それで穴ぐらを出てクリニックに通って「母がおかしい」などとぺらぺらしゃべっていくのです。それまではお母さんのほうが「うちの息子はおかしい」と心配していたわけですが……。

天ぷらを揚げなくなった妻と、ひきこもりの息子

ひきこもりの息子は、その家の安全の象徴である母親の動きをいつも気にしている

のでしょう。台所に立つ回数もよく見えています。母親が自分で天ぷらを揚げていないことにも気づきます。

そう、妻が天ぷらを揚げなくなったら危ない。上《うわ》の空で料理をしていちばん危ないのは天ぷらだからです。

これはまた別のひきこもり青年の話ですが、中学生の頃、母親が上の空で天ぷらを揚げていて、鍋に火がついて天井が焼け焦《こ》げになってしまいました。

青年は、この天井焼け焦げ事件をきっかけにして、不登校になりました。学校に通っているどころではないからです。〝上の空〟母を持った子どもは母に依存できません。ある日、家に帰ってみたら、母さんがいない、なんてことのないよう、見張っていないといけないのです。母がいつ家を捨ててマッサージ師のもとに走るかわからない。スリリングです。

こういう息子は、学校に行くよりずっと多くのことを学びます。〝上の空〟母を見張って、母の一挙一動から思惑を読み取らないと、自分の安全が崩壊する恐れがある。

そうした思惑を読み取る訓練をしているうちに、男性にいちばん欠けているといわれる情操の部分が発達します。父には読み取れなかった母の気持ちが、息子には手にとるようにわかるようになってくるのです。女から学ぶ姿勢を持っている男は柔軟です。「妻がわからん」などとぼやいていないで、わかれ、学べと言いたい。そこから得るものはとても大きいからです。

男性はよく女性のことを「非論理的」と言いますが、論理がなんぼのものか。経済学者が景気の予想をして当たったためしがありません。よく正月になると新聞に景気の予測が書いてあって、私もその気になって読むのですが、あれが役に立ったことはない。

だいたい、「女は非論理的だ」などと偉そうに言っている男の論理も、それほど筋道立ってはいなかったりします。

それよりも、女性の気持ちを読み取れる男のほうが、大ヒット商品を作れるかもしれない。女性にもモテるでしょう。ちっとも当たらない景気予測をする評論家より、よほどましではないでしょうか。

子どもの行動は、夫婦関係のバロメーターである

親はひきこもりの息子を心配していますが、実は息子のほうが親を心配している結果がひきこもりだった、ということが往々にしてあるのです。

ですから子どもが何か変なことを始めたら、それも夫婦関係の危機に対するサインです。たとえば、夫とのコミュニケーションをあきらめながら、でも人生（夫、家族）のつまらなさを受けいれられない母親の潜在的な欲求――を代弁するのは、その娘です。

深夜帰宅、奇妙なファッション、援助交際、キャバクラ、水商売勤め、あっという間にフーゾク入りして親は大あわて。けれどもこれは、母親の問題を体でもって演じているのです。母親がなんとか止めさせようと躍起《やっき》になっているうちは、娘の問題は止まりません。

ところが母親のほうが自分の人生のつまらなさに気づいて、夫以外の男性に目を向けはじめると、今度は娘が危険を感じて「お母さん、何やってるの！」と説教を始めたりします。娘の問題はぴたりと止まってしまう。

思春期の娘に問題が起きてきたら、自分たち夫婦の問題としてとらえたほうがいい。不登校、ひきこもり、性的逸脱《いつだつ》行為、暴力——子どもがこういうルートにのった場合は必ず自分たちの、親たちの問題だと思って、夫婦関係を振り返ってみたほうがよいでしょう。

しかし世の親というのは、自分たちが悪いだなんて、これっぽちも思っていない。子どもが悪くなるのは、家の中ではなく、社会や学校だと思っています。

「まじめで、ちゃんと稼ぐ父親と、ずっと家にいて、浮気もしない（つまらない夫にもずっと耐えて、夫を立ててきた）母親の間に、なぜ、こんな悪い子が育ったのか」

「いつも遊んでいるB子ちゃんやC男、いや、B子やC男の家庭が悪いんじゃないか」

そんなものの考え方しかできないのです。子どもがひきこもると、「いじめだ！」「暴力教師だ！」としか考えません。

繰り返します。子どもの問題は、十のうち八、九が、夫婦の問題です。

とはいっても、夫婦関係は二人の関係ですから、もちろん夫が一方的に悪いわけではありませんし、夫だけが変化しなければならないわけでもありません。

ただ、「結婚」という制度には、男性のほうに大きなメリットがあるので、男性のほうがその制度にあぐらをかいていることが多い。女性のほうに、二人の関係を変える努力をする気があっても、男性のほうにその気がないことが多い。家族というのは、放っておいてもうまくいくわけではありません。他の人間関係と同じで、努力しないと維持できないものなのです。

そして今までは、女性がかなり譲歩して維持するのが決まりのようになっていて、女性をあきらめさせてきたのですが、その信仰が崩れてきた。

昔は「結婚したほうが得か、損か」などとは考えませんでした。「大人になったら結婚するものだ」「結婚とはこういうものだ」と素朴に思い込んでいたのですが、どうもそれが変わってきた。

女性は今、以前よりさらに大変になっています。結婚していい家族を作って母親になることも女性のひとつのステイタスですし、自分自身のキャリアで成功することもステイタス。かといって男性と違って家事を受け持ってくれる嫁さんをもらうこともできず、あれもこれもひとりでがんばる羽目《はめ》になっています。これではよけいに夫への不満もふくれ上がるでしょう。

いったいこうまで苦労して結婚生活を維持する意味があるのか。根本的な問題に突きあたります。夫のほうも、うかうかとしていられる時代ではないのです。

第2章　なぜ「うまくいかない」か？

～夫と妻の思考はこんなにズレている～

お互いの結婚の動機がまったく違っていた！

結婚生活というものは、それほど安泰なものではない。危険なものでさえあります。では、なぜ結婚とは、そうもうまくいかないものなのでしょうか。

第1章でもお話ししたとおり、そもそも結婚をする動機が食い違っているということがあります。ウチから逃げたかった。親から逃げたかった。職場から逃げたかった。自分が今いる辛い場所から、どこか他の安全な場所に逃げ込みたい。そのとき、結婚はなかなか魅力的に見えます。幸せな居場所を確保できるような気がすることもあるでしょう。

もちろん、女性だけではありません。男性も何かから逃げたいという動機はあります。ただ、ひと昔前のように、「独身だと一人前に見られない」という理由は減ってきています。

今どき結婚していない男女など珍しくありません。「結婚して一人前」という世間のプレッシャーが減ってくると、

「何でオレの稼《かせ》いだ金を、よく知らない女に払わなくちゃいけないんだ？」

「離婚したら、子どもの養育費を支払わされるのに、何で自由に会わせてもらえないんだろ？」

という疑問がわき上がる。三〇代半ばくらいまでの男性で、まじめにこう考えている人はたくさんいます。結婚に嫌気がさしてきたのは、女性だけではない。ますます結婚需要は枯渇《こかつ》しているといえます。

「男というのは性欲のかたまりで、合法的な婚姻でもしなければフーゾクにでも行くほかない」というのは女性のカン違いで、ガス抜きの方法は他にもいくらでもあります。むしろ家族を持つリスクに気づいて、躊躇《ちゅうちょ》している男性は多いのです。

さて、それではお互いにどういう動機でいっしょになったのか。自分自身を高く見積もるのをやめて、冷静に考えてみましょう。かといって、「どうしてボクなの？ボクなんかでいいの？」と確かめすぎるのもヘンな話ですが、それぞれが抱えている背景くらいはきちんと確かめておく必要はありそうです。

妻にも、「なぜ自分と結婚したのか」をあえて聞いてみる。嘘を言うかもしれませんが、いちおう言葉で確かめておくほうがいいでしょう。結婚することに、それぞれどんな必然性があったのでしょうか。

「おっぱい男」と「ママ妻」の顛末《てんまつ》

結婚の動機にはさまざまなものがあります。たとえば、気の毒な女性でないといっしょになれない人がいます。複雑な家庭に育って、職場でいじめにあって、自分自身に嫌気がさしてもう人生やめようかと思う……こんな話を聞いて、「それは大変」とホワイトナイト気分になってしまう男性のことです。

こういう結婚は、あまりうまくいきません。私は「おっぱい男」と呼んでいます。女性に授乳をする男性です。自分が守って、助けてあげられるような弱い女性でないと興味を持てません。男性もけっこう母性愛の持ち主なのです。

恋愛という二人関係の中では、相手が望んでいることがよくわかります。こういう男性の前では女性は子どもがえりが許される、むしろ子どもがえりしたほうが彼の目が輝くので、一種のサービスで、どんどんわがまま妻になっていきます。

第三者が話を聞くと、「とんでもない妻をもらったね」と思いますが、夫のほうが、そういう妻を求めているのです。

妻も図にのってやっているうちに引き返せなくなり、親の前では萎縮《いしゅく》して育ってきた娘が夫の前では手首切り、自殺未遂までやってみせて、そのつど夫があたふたして面倒を見る。クリニックではしょっちゅうそういう夫婦に出会います。

以前は夫のことで妻が駆け込んでくるケースが一般的だったのですが、近頃は妻のことで夫が駆け込んでくるケースが多くなりました。おっぱい男が増えているのです。

女性でも「この人は私がいないとダメそうだから」という動機でいっしょになるのは、あまりいい出会いではありません。「この人は私がいないと死んでしまう、私がいないとやっていけない」——こちらは「ママ妻」と呼びます。

「キミがいなければ生きていけない」

と言われて、うれしくて舞い上がって結婚してしまった人は、だいたい苦労します。

この男なら安心

女性で目立つのは、「この男なら安心」という動機です。容姿は優《すぐ》れない、収入も並――モテようがないので、浮気なんて生意気なことをするわけがない。自分が優位に立って「拾ってやった」くらいの気持ちで結婚します。

こういう夫に浮気された妻は、ものすごく怒ります。「そういう身分じゃないだろう！」と、怒ります。「浮気なんかしやがって、おまえは何様だ！　身の程を知れ！」という怒りです。決して、夫に対する深すぎる愛情がそうさせているわけではないのです。

こういう妻は美人かアーティスト系の人が多いですね。たとえば音楽学校に入ってソリストを目指したり、自分のことを過大評価しています。でも本質的な自信はない。本当の意味での自己評価が高くないので、〝安心夫〟をもらって安心しようとするのです。

この男なら安心だ、そのかわり経済的要求くらいはちゃんと満たしてよと、夫に相当侮蔑《ぶべつ》的なことを言うのですが、実は案外仲良くサヤにおさまっていたりします。

こういう夫婦は、自分たちのことではなく、子どもの問題でクリニックに登場します。妻が抱えている「こんな夫」という不満足が娘にまで伝わるのです。妻が夫に性的な魅力を感じていないことを娘も感じるのです。とくに一人娘の場合は、その重荷を一手に引き受けてしまう。そして、早くからリスキーな人生を歩み始めます。

こういった家族の妻は、安心夫を選んでみたものの、実際にいっしょになってみると、結婚生活が長いな、という感じがしているのです。娘が一五歳を過ぎた頃、結婚生活も二〇年目に入る頃から、「こんな人生でよかったのか」と、うっすらむなしさを自覚しはじめます。

夫から見たら、「どうも最近、妻が自分に冷たい。昔はこんなではなかったのに、とつぜん変貌《へんぼう》した。何か、問題でもあったのだろうか」——。しかし、夫が気づいていなかっただけで、妻は最初から夫に魅力など感じていなかったということです。家の中に、けだるく、イヤな空気が流れはじめます。

そんなとき事件が起こります。娘が、援助交際で補導されたり、仲間にクスリをもらって飲んでいたり——。そして両親は狂乱して私たちのところにやってきます。

クリニックに現われる人はみんな何らかの形で〝ヘン〟なのですが、本人は自分が〝ヘン〟だとは思っていません。「娘が〝ヘン〟になった」と思って相談に来ます。けれども、家族内で問題になっている人は、べつに精神を害しているわけではないのです。家族間にひそむ、言葉にならない問題を感じ取って、でも意思表示ができずに愚かな行動をしている。愚かな行動は、家族の危機（夫婦の危機）に対する、子どもなりの不器用なシグナルなのです。ですから、問題になっている人の話を聞くより、本当はその親の人生遍歴《へんれき》を聞いて修正する仕事をしたほうがいいのです。

男の沽券《こけん》、よけいなプライド

結婚がうまくいかない元凶《げんきょう》として見逃せないのが、夫の奇妙なプライドです。夫の父親が持っていたような、「男なんだから」「妻なんだから」「男はこうあるべきだ」「女はこうしてろ」といった、まったくよけいなプライドです。

そんなつまらない男の沽券とかプライドとかは、夫婦の間でジャマなだけで、何のいいこともありません。「妻がわからない」「女というやつはまったく変わった生き物だ」なんて言っている人は、まだ「男は女より偉い」「女は男を立てるべきだ」と思う気持ちがあるからこそ、わからなくなっているのです。

「男も女もそう変わらない」と思っていれば、妻のことも急にわかりやすくなるはずです。あるいは「女のほうがずっと偉くて男はかなわない」でもいい。そう考えを変えてみれば、妻は実にわかりやすい。

小学校の頃を思い出してみると、だいたい女の子のほうが言葉も発達していて、マセていました。ケンカになって男の子が何か言おうとすると、女の子がばばばっと三言も五言も言い返してくるので、カッとなって手が出てしまう。「男の子ってバッカじゃないの」と女の子も思っているのです。

ところが一二歳くらいから状況が変わってきます。この頃になると女の子が自分で自分の能力をセーブするようになるのです。弱い女の子を演じていたほうが得だということに気づく。同級生を見ていると、弱そうで頼りなさそうな女の子を助けたり、かばったりする男の子が現われる。そういう女の子のほうがモテることがわかってきます。

元気いっぱいで頭もよくて、スポーツ万能、同性の間でも人気者。助けてあげる必要もないような女の子には男の子が寄りつきません。少なくとも男の子よりできる女の子は敬遠されてきました。どうも点数がよすぎるのも問題だ、男の子をこわがらせちゃ、まずいんじゃないかと、自己セーブが始まるのです。

女性より男性のほうが思考力や想像力があって仕事に向いている――この考え方も誤りでしかありません。環境がそう強制してきただけなのです。

なぜ、妻は変貌《へんぼう》したのか

そのへんが男の愚かさだと私は思います。女に自己セーブさせて、男を立ててもらって優位に立ったような気になって、何がうれしいのか。自分よりよほど稼ぐ能力を持っている妻とせっかくいっしょになったのに、妻を家に閉じ込めている夫を見るたびにあきれます。

女性がなるべく秀《ひい》でた男性をパートナーにしたがるように、男性もなるべく秀でた女性とくっつこうとすればいい。体力も知力も秀でた女性を探してくっついたほうが、人生は得に決まっています。だいたいが、背の高い人は、小柄な人に、色黒の人は、色白の人にひかれるものです。それなのに、無能な男性だけは、自分より無能な女性を求めようとする。ないものねだりこそが、人間の本能、種の保存の本能にかなっているはずなのに。

しかし、いずれはそうなるでしょう。男性の意識が変われば女性のモテ基準も変わって、生き方も変わってくるでしょう。男の子より出っぱらないように、ひかえめにひかえめに——なんて、抑えなくてもよくなります。

結婚前は弱そうで頼りなげに見えた彼女が、結婚後数年たったらものすごく強くて行動的な女性だったことを知り、「女って変貌するねぇ」……なんて夫がびっくりすることもなくなります。

妻は変貌したわけではない。最初からあなたよりずっと強くて、優秀だったのです。頭がよくて表現力もあるからこそ、男の願望を読んで、おとなしそうに見せることに成功していたのです。

ですから、男と女は出会いからして誤解の中にいる。たとえば職場でデスクが隣になった女性、短大卒で、四大卒の自分より二年前に入社した女の子がいろいろ親切にしてくれたりすると、「気が利いてるけど、ちっとも生意気なところがなくていいなぁ」とズルズルいっしょになってしまう。

男性のほうは、とりあえず四大卒の自分のほうが偉くて優位に立っているような気分でいます。短大卒や女子大卒の妻が仕事をやめるのは当たり前だ、と。客観的になって考えてみれば、妻のほうがよほど有能であっても、そのことに気がつきません。

その誤解のまま結婚生活が数年過ぎた頃、何かおかしくなってくる。どうも何をやっても妻にかなう気がしない。口ゲンカをしてもやり込められてしまう。サイフのひももも握られている。いっしょにテニスやゴルフを始めたら妻のほうがあっという間にうまくなる。

劣等感を刺激され、その屈辱を晴らそうと理不尽に妻をいじめたりすると、思わぬ力強い反撃にあい、「女のくせになんだ!」などと、「男」を振りかざしはじめるともう最悪です。

夫の脳、妻の脳

男性も女性も異性に幻想を抱くものなのでしょうが、どうも女性のほうが現実的で、「男ってこんなもんだ」というイメージ修正がすばやいような気がします。その点、男性はいつまでも女性に幻想を抱き続けたい。妻にその幻想を支えてもらえなくなると、他のところへ求めるようになります。スナックやクラブのお姉さんたちは、この心理操作をメシの種にしているわけです。

これは少々病的な話ですが、中学校のときに転校してしまった女の子のことを考えるとたちまち二、三時間が過ぎてしまうという人がいました。

彼は中学校の頃、陸上競技で一等賞、勉強も一番、みんなからちやほやされて校内のスターだったそうです。一方、相手の女の子は目立たない子でしたが、家が近所なので知っていた。そのうち声をかけてあげようと思っていたら、中学二年生のとき急に引越していなくなってしまった。

それからというもの、その子のまなざしやしぐさが思い出されてしかたない。声をかけておけばよかったという思いがいまだにぬぐいきれないのです。ただいま三〇歳。アーティスト志望で、家の一角をアトリエにして絵を描き続けています。なぜ絵を描くのか。中学校のときに引越していったその女の子が、彼の心象風景に深く結びついていました。これを絵に表現したい。その野心のために一生を使おうというわけです。

他人から見たらどうでもいい、少年時代のちょっとしたイメージ、それだけで一生を生きられてしまうくらい、男というのはヘンな生き物なのです。

女の人にも大事な心象風景はあるでしょうが、ここまでバカな話は聞いたことがありません。女の人は「現在」を取り込んで修正するのが上手なのだと思います。もっと柔軟です。

これは男女の脳の違いによるのではないかと思います。女性は現在をすぐに取り込んで物語化し、過去は参照物になるようです。現実と照らしあわせて、「これ、あってる」「これ、間違ってる」「これ、やばい」というふうに振り分けていく。えんえんと過去を生きたりはしないようです。

ですから、夫が「ふみこ」なんて寝言を発すると、「ふみこって誰よ！」と険悪になります。まさかそれが、小学生のときの片思いの相手だとは思いもよらない。また夫のほうも正直に「いや、ふみこちゃんというのは小学校の同級生なんだよ」と言わないのです。自分の中の心象風景を妙に大事にしていて、大切な少年時代の想い出を妻との醜悪《しゅうあく》な諍《いさか》いに汚されたくない。

「ふみこって誰！」

「知らないよ。ふみこなんて言ってないよ」

「言った！　言いました！　確かにふみこって言いました！」

「最近、ちょっと耳が遠いんじゃないのかな？」

というわけで、かえって妻の疑惑をあおってしまいます。妻のほうは、当然、現在進行形の問題だと思いますから聞き捨てなりません。これも夫婦の間でのわからなさを深めているひとつの理由です。

傷つきやすい魂、傷つきにくい魂

クリニックに来る患者さんでも、過去に辛い外傷体験がある人は、その過去の一点にとらわれています。そのトラウマから解放されていくのを手伝うのが私たちの仕事ですが、どうも女性のほうが治りがいいようです。そういう治りのよさのことを「レジリエンス」と言います。ゴムまりのような弾力のことです。

人間の魂というのは、ガラスの箱を毛糸で覆《おお》ったようにできているように思います。毛糸の防具が薄いと、ちょっとした衝撃でもガラスが壊れてしまいます。この世を生き抜いていくには、そう簡単にひび割れないような心の強さが要求されます。

同じ事件に遭遇しても、必ずしも同じようなトラウマを受けるとは限りません。大地震や大災害などにあっても「家や車がペシャンコでびっくりした」で済んでしまう子どもがいれば、ＰＴＳＤといって、そのショックから抜けきれず、そのあともずっとそのことが頭に浮かんできて苦しめられるような子どももいます。

どこが違うかというと、幼少時に充分な安心感を得ていない、魂が毛糸で充分に覆われていない人が重いＰＴＳＤになりやすいのです。ひどい災害にあっても、お父さん、お母さんがちゃんと守ってくれて、いっしょに乗り越えられた子どもと、お父さん、お母さんが子どものことなどかまっていられないような人で、ひとりぼっちですごくこわい思いをした子どもでは全然違ってきます。

子ども時代に親にたっぷりかわいがられて、ゆったり育った人は、結婚相手としてなかなかいい。長持ちします。たとえば会社が破産した、リストラされたようなときにも、精神的に丈夫です。

「しかたない、がんばって次を探すか。いざとなったらコンビニでバイトだ」

というような柔軟性がある。ちょっとしたことで自分全体が否定されたように思わない人のほうが、配偶者として安全なのです。

傷つきやすい人は、自分を防御《ぼうぎょ》しようとするあまり、身近にいる人を攻撃します。慰《なぐさ》めると、「バカにしたな」と言って非難する。なんだかよくわからないことでいきなり激怒する。本人は「傷ついた」と思っているのですが、当人のほうがよほど周囲を傷つけていることに気づきません。こういう人を配偶者に選んでしまった人は、危険な結婚生活を送ることになります。

夫から離れると、病気が治ることも

「妻が変貌した」と嘆《なげ》いている夫もいるのでしょうが、妻のほうももちろん「夫が変貌した」と思っています。

だいたい最近では、夫の勤めている会社名がコロコロ変わります。○○銀行といえば誰でも知っているような大銀行の夫を手に入れたと思っていたら、いつの間にか△△○○銀行になっている。またそのうちに○○の名前もなくなって、××銀行に変貌している。

一流の大企業に入社して、「将来の幹部として君たちを採用した」とか言われてその気になっていたのに、合併につぐ合併で、四○歳前からはやばやと人員整理の憂《う》き目にあったりしています。

子どもにも親の不安が伝わるようで、そういう親がよく子どもの問題と称して、クリニックに現われます。妻のほうは良縁だと思っていっしょになった。A野B夫さんではなくて、○○銀行と結婚したと思っている。それが彼の特徴だったのに、どんどん変わってしまって、へたすると銀行でさえなくなって、証券会社になっています。

妻のほうは自分がいつ証券会社と結婚したのか、と。

　人間は変わるのが当たり前なのですが、いったん手に入れたものはずっと安泰であると疑いを持たずにいた人は、フットワークが悪い。頭の中が硬直しているのです。自ら変化し、それを自覚できている人は、外部からの変化にも対応できます。夫が凋落《ちょうらく》してきてお金が足りなければ自分で働けばいいのですが、なかなかそれができません。

「ずっとうちにいると、不登校息子、非行娘といっしょにいなくちゃならなくて大変だから、気晴らしに外へ行って働いたほうがいいんじゃないですか」

　と言ってみることもあります。うつ病になる人もいます。これは夫婦関係、本人のものの考え方、社会の見方などが変わらないと、うつ病のクスリを飲んでも治りません。

　夫が突然死したりして、会社から退職金が出て、それっきり収入がなくなったのでしかたなくビジネスを起こしたら成功して、うつ病が治ったという人もいます。本来彼女の持っていた能力が、夫から離れて花開く。そうしたら、うつ病などすっかり治ってしまう。

すると、この人の病というのは、自分が本来やるべきことに能力を発揮していなかったのが原因なのだろうと、あとでわかります。

ですから変化も悪いことばかりではないのです。夫がリストラされて妻が働いてみたら、いいことがあるかもしれません。妻が家事をやらなくなってしまったら、夫が家事をやってみたらいいことがあるかもしれません。いいえ、きっとそのほうがうまくいきます。

平穏無事の毎日では、結束をたしかめる機会もない

火事場の馬鹿力とはよくいったもので、人間、夢中になっているときがいちばん能力を発揮します。大地震で電車が止まって、陸の孤島になってしまった。ビルに閉じ込められて、この一週間、どうやって生き延《の》びるかなどという映画のような状況になったら、思わぬ人が思わぬ活躍をするでしょう。

そういう場面になったら夫婦の結束も強まるはずです。急に家族意識が燃えてき

て、遠方にいる夫にひと目会いたいと思ったりするかもしれない。

平凡な日常で、当たり前に通勤電車に乗って当たり前に家に帰ってくると、いるべき妻が家にいるだけですから、面白くも何ともありません（といっても、「家にずっといてくれ」と頼んだのは自分のほうなので、文句は言えない）。妻のほうも夫が帰ってくるのが当たり前ですから仏頂面《ぶっちょうづら》で、「あら、帰ってきたの？　ずいぶん早いのね」。

妻が用意していた食事を口にしないときもあります。妻のほうからすれば電話があったから、あと一時間半で帰ると思って用意していたのに、作った食事が無駄になる。これが何回も続くと本当に腹立たしいらしいですね。無事に帰ったこと自体がケンカのタネになります。

「あんまり腹がへったので、途中の駅でサンドウィッチ買って食っちゃった」と、夫にしてみれば惨《みじ》めな話なのですが、妻からしてみれば「用意して待っていたのに、なんでサンドウィッチか⁉」と腹立たしい。駅のサンドウィッチゆえに、よけい腹が立つのです。「私の料理は、駅のサンドウィッチ以下なのか」と。夫のほうは、「駅のサンドウィッチ」なので（居酒屋でわいわいやってきたわけではないので）、すんなり流してもらえるだろうと思っている。この思考のズレは大きい。それが二、三回続けば、もう「どうせきょうもサンドウィッチか何か食べてくるんだろう」と自分だけで済ませてしまいます。

そこへ夫が、「いつも妻が食事を用意してくれているのに食えないのは申し訳ない、この間も怒られたから」と腹を空《す》かせたまま我慢して家にたどりついたら、食事がない。空腹でただでさえイライラしているところへ、期待しているものがなかったのでカッときます。

たかが一食抜かれたくらいで、場合によっては腕力に訴えます。

「今日は昼の会議が延びて、朝から何も食べてないんだ。この前、サンドウィッチ食べて帰ったくらいでギャーギャー言うから、何も食わずに帰ってきたら、この有様だ。おまえの仕事はメシを作ることじゃないのか？」

といった言葉が思わず飛び出しますが、これは言ってはいけない言葉です。

「私だって、好きで飯炊《た》き女、やってないわよ。いったい誰のために会社をやめたと思ってるのよ！　あなたの飯炊き女なんて、いつ、やめてあげてもいいけど？」

と、反撃を食らいます。

変わりない日常が無事繰り返されていればいるほど、お互いへの不満が目につきます。他にもっと大変なことが起こったら、夫婦は結束して案外仲良くなるものなのです。

ふと、夫婦が一致団結して署名運動をしているような映像をニュースで目にすると、「ある意味、俺なんかより幸せだよな」と、思ったりします。

絶対に口にしてはいけない言葉

夫のほうも妻のほうも「失敗した」と思うことは必ずあるのです。何十年もいっしょに暮らしていて、何ひとつ不満もなく「この人と結婚して本当によかった」と思い続けている人などいないでしょう。たぶん。

ときには「あー、失敗した」と思うけれど、それが自分の選んだ人生ですから、なんとかこの相手とうまくやっていこうと思い直して工夫する。相手が悪いばかりではないと反省のひとつもしてみて、乗り越える。そうやっていくものなのです。

それなのに、「そりゃ言っちゃいけないよ」という、致命的な言葉を投げつけるから、事態は深刻になります。これも、それほど親しくない相手なら心の中で思うだけでとどめるのですが、親しい間柄ほど、思ったことをそのまま投げつけてしまいやすい。ですから夫婦のような近しい関係では、お互いにグサグサと傷つけあう言葉が飛び交《か》いがちです。そこまで言ってしまって、どうやっておさめるのかと思うようなひどいことを言う。収拾がつかないような泥仕合になっていきます。

もう少し節度を保って、その一歩手前くらいでぐっと踏ん張れないものでしょうか。夫婦というのはお互いに弱みを見せあうものですから、相手の痛いところは握っている。これを投げつけたら相手が痛いということがよくわかるものですから、その爆弾を使ってみたくなる気持ちをおさえられません。

けれどもそんなことで一瞬、優位に立って何が得られるのか、もう一度よく考えて、ぐっと踏ん張ってほしいものです。

「おまえなんかと結婚して大失敗だった」

「こっちこそ、あんた以外にもプロポーズしてくれる人はいたのよ。○○さんにしておけばよかったわ」

この応酬《おうしゅう》は不毛です。

「あんたなんて無能だ」「おまえはヘンだ」など、相手を決めつけるような言葉もよくないですね。「無能だ！」「無能じゃない！」「ヘンだ！」「いや、ヘンなのはあんただ！」といくら言いあっても結論が出ない。

それより、たとえば相手が朝、「おはよう」を言わないのが「ヘンだ」と思ったのなら、「おはようと挨拶《あいさつ》をしてほしい」と言うほうがいい。ひとつひとつ具体的に改善点をあげていくほうがいいでしょう。これがまた難しいのですが、最後に訪れる地獄に比べれば、たやすい努力です。

家の格が違うと自慢する

絶対に口にしてはいけない言葉の話を続けましょう。

人間は誰でも自分がいちばんかわいいナルシストですが、そういう部分があまり露骨に見えてしまうのはまずい。これは他人から見たら非常に冷たく見えます。

子どもの頃は自分がいちばんかわいい、ということをストレートに発揮していますが、大人になるにつれて、誰でも自分がいちばんかわいいのだ、私が私を大事にするように、この人も自分のことが大事なのだと理解するようになります。そうやって、お互いをそこそこ尊重しあえるのが大人なのですが、これができない人は多い。とくに夫婦関係のように近しい間柄では、どうしても相手のナルシストぶりが鼻につきます。

たとえば、「自分のウチはいい家柄で、おまえのウチは庶民だ」と言う夫。これは嫌われます。むしろ、姑《しゅうとめ》が嫁の実家の悪口を言ったら、夫が「何を言うんだ」と妻を支持しなければならない。基本的なポライトネス、礼儀作法というものです。

「おまえのオヤジさん、三〇年くらい前にあつらえた背広、引っぱり出して着ていたな。みっともないから、今度もうちょっとマシなやつ、買ってやれよ」みたいな上から目線の言いぐさもいけません。

こういったポライトネスに欠ける人とは、全般にわたって「いっしょにやっていけるのかしら」と不安になります。妻のほうも、たとえ実家の両親がヘンだと思っていたとしても、人からはあからさまに言われたくないのです。

結婚するときに「家の格」というのはあまり話題になることは少なくなりましたが、実際にはこれはけっこう重要な問題になってきます。似たような生活水準の家同士と、格差のある家同士の結婚と、どちらがうまくいくかといったら、似たもの同士のほうがバランスはいいに違いありません。本人たちがいいなら、それでいいじゃないか、と口先では言っていても、心の中でそうは思っていないのですから、厄介《やっかい》なのです。

家のローンだけがかすがい

そこそこの中流家庭同士の結婚で、都心から一、二時間かかる郊外に家を買ってしまった夫婦も大変です。奥さんももともとは四大卒で仕事を持っていたけれど、いったんやめてしまったのでパート勤務。たいした時給ではないのですが、パートに出なければローンを払って子どもたちの教育費まで払えません。夫は毎晩残業で、深夜帰宅。

若いうちにローンで家を買うのは大事な話なのですが、子どもの数も慎重に制限しなければならないし、実際にはあまりゆとりがありません。夫のほうは仕事でいっぱいいっぱい、妻は生活費でいっぱいいっぱい。

「なんでうちはこんなにお金がないのかしら」と嘆いているのですが、それは高いときに家を買ったからです。こういうまじめ夫婦は、ローンを払うことが、二人の命がけの共同作業になっています。家が〝かすがい〟、二人の象徴。こういう夫婦はローン完済後に危機が訪れます。かすがいがなくなったら……、

「いったいわれわれの人生は何だったのか」

と深刻な争いになるのです。地域社会で自分の活路を見出して、リサイクル運動や文化的活動などを始められるのは、たいがい妻のほう。そういう生きがいを見出せないと、ひとり孤独とうつ病の世界に入ってしまうこともあります。

夫婦にもプライバシーはある

夫婦とはいえ、お互いのプライバシーにあまり踏み込むのも問題です。それほど親

しくない関係では、プライベートなことを根掘り葉掘り聞かないのが礼儀だという感覚はあるのですが、親しい関係になるほど、この線引きが難しい。あまりよそよそしいのも何ですが、多くのトラブルは踏み込みすぎて起こります。

夫婦関係が難しいのは、他の人間関係に比べて極度に距離が近いことにあるわけですから、相当上手にやらないと、しょっちゅうぶつかりあうことになる点です。

最近では携帯電話がプライバシーの根源のようになっていて、「勝手に携帯を見た」というのが夫婦別れの原因になったりします。

ちょっとのぞくと女の子の名前で着信がたくさん入っているし、あやしい写真が入っていたりする。携帯をのぞいたことから、夫がバイセクシャル（あるいはゲイ）だったことがバレた夫婦もいます。携帯なんて、うかつにのぞくものではありません。どんな恐ろしいものがつまっているかわからない、パンドラの箱なのです。

携帯でよからぬことがバレた場合、だいたい見られたほうが怒ります。自分の犯した悪事は脇に置いて、「携帯を勝手に見た」相手を責める。「そういうことをするキミが信用できない」などと言って激怒します。信用という言葉について考えさせられる瞬間です。

まぁ、確かにいくら親しい間柄とはいえ、人のものを勝手に見るのはよくありません。たとえテーブルの上に無防備に置いてあっても、ちょっとのぞきたい誘惑をグッと抑えましょう。かりにちょっと見えてしまっても、そのことを口に出しては絶対にいけません。

鶴の恩返しだって、ちょっとだけのぞきたいという誘惑に負けたために取り返しのつかない結果になったのです。あそこで「のぞかない」という節度を保てるかどうかが、夫婦生活を続けられるかどうかの大きな分かれ目といえるでしょう。

危険な異性が魅力的に見える

ひと昔前は家と家で釣《つ》りあいを考えて縁組をすることも多かったのですが、最近では本人同士が気に入った人と結婚することが多く、この風潮がなかなかの曲者《くせもの》です。

とくに若いうちは、どういう人が気に入るかというと、ちょっと変わった相手だったり、「やめればいいのに」というような相手だったりします。

たとえば年収一千万の一流企業のサラリーマンと、革ジャンでデートに来た年収五〇〇万の起業家とどちらがいいか——。革ジャンのほうは妙に自信満々で、その晩すぐホテルに誘ってきて、年収一千万のほうは紳士で、デート五回して手も握らない。給料の明細書を持ってきて見せたりする。

どちらが魅力的かといったら、初対面のときに「何、この男?」と心を乱されたほうが魅力的です。何か楽しい時間をくれそうなのです。

実際にこの話をしてくれた三〇代の女性は、他にもいろいろ良縁はあったのですが、その革ジャン男が最後まで候補に残っていました。私は即座に「明細書のほうにしろ」と言ったのですが、革ジャン男を捨てきれない。それでも律儀《りちぎ》に「明細書」とデートはしていました。こちらも捨てきれなかったのでしょう。

革ジャンを選んだら、起業家なんてカッコいいことを言っていたけど危ない商売で、あっという間に一文無しになり、「やっぱり明細書にしておけばよかった」と思うでしょう。

あるいは明細書を選んだら選んだで、つまらない人生がえんえんと続き、「やっぱり革ジャンのほうにしておけば、もっと面白い人生が送れたかもしれない」と後悔するでしょう。

こうして迷った末に結婚して、数年たっていろいろ問題が出てくると「あっちにしておけばよかった」と思う。それが結婚というものです。

子育てに協力的でない夫を恨《うら》む

最近の女性は、男性の「文武両道」と同じで、女性としての魅力もあって仕事もできる、というところをねらっています。さらにちゃっかりしているのは、その両方を充分に享受《きょうじゅ》したうえで、結婚もいいところを取っていきます。

美しくて才媛《さいえん》で女子アナウンサーにでもなってから、玉の輿《たまのこし》。これが女性の理想的なレース展開とされているようです。「女の花道」というところでしょうが、はたして本当にそれで満足できるのか。案外、その花道にどっぷりつかった人ほど、内心後悔していたりします。

「もっと自分の能力を試してみたかった……」

「あのまま仕事を続けていたら、今頃こんな仕事もできたのかもしれない……」
「○○さん、がんばっているなぁ……」

何か自分を犠牲にしてしまったような気分が出てきます。女性にはまだまだ「賞味期限」のようなものがあり、ハデな職業ほど、とくに若い女性のほうが有利なこともあります。そこから本当に実力で残っていくのは大変なので、そこそこ結果を得たところで花道に入るのですが、やはり未練が残る。たとえ、チヤホヤされるようなことがなくなったとしても、まったく誰からも相手にされないよりマシに決まっているからです。

そこへもってきて、子育てのすべてを押しつけられたりすると、夫への恨みがわいてきます。被害者意識が出てくるのです。子育てというのは、もちろん大きな喜びを得られることではありますが、決して喜びだけではありません。それをわかってくれる夫でないと辛いでしょう。

こうして、子育ての問題は、夫の無理解の象徴となって表わされるのです。

「待つ女」は美しい？

夫のほうは夫のほうで、家族のためにがんばっているつもりでいます。子産み、子育ては夫婦双方に責任のあることなのですから、家族のためにがんばるなら、当然、子育てにももっと興味を持つべきなのですが、なぜか「子育てはすべて妻におまかせ」という夫が多いのです。

妻のほうは子どもと二人っきりでずっと家に閉じ込められて、夫の帰りを待っている。この「待つ」というのがよくないのです。女の人が損をしている感じを持ちやすい。待ちあわせでも、待たせるより、待たされるほうが損をしている感じがするものです。

仲間でも、いつも待ってる人はいませんか？　どうせ相手はいつも一〇分くらい遅れてくるのに、待ちあわせ時間より早め、早めに来てしまって、待っている人。そういう人は待たせる人がうらやましく、内心は憎んでもいます。それでもまた早めに来て待ってしまうのです。「妻」というのはそれに近いところがあります。明らかに損な役まわりです。

また「待つ女が美しい」という、勝手な男のイメージもあります。「女が待っている」と思うと、男はがんばれる。洋の東西を問わず、昔からそういう種類の物語はたくさんあります。男はどこかに出かけていって、戦ったりしている。女は待っている。男は待っている女にごほうびとして宝物を持って帰ってくる。

待ち疲れた女が死んでしまって、恨んで霊になって出てくるというのもありますし、帰ってきたら妻はもう他に男を作っていたというお話もあります。

あまり待たせないほうがよいという結論に至るお話がたくさんあるのですが、だいたいそういうのは「悪女」の話ということになります。待たせる男が悪いのではなく、おとなしく待っていない女が悪いと……。

けれども、男が出かけていって戦っているというのもあやしいもので、外でのびのび浮気しているケースも大いにあります。中世の戦いでは、それが男色だったりしたのですが、今でも、少なくとも自分の趣味世界に没頭している。べつに家族のためにがんばってはいません。それでも家に戻ってきて妻に間男《まおとこ》がいたら修羅場《しゅらば》です。

妻と張りあう夫たち

結局、女性が望んでいる男性というのは、子育てに協力的で、よく話を聞いてくれる、ちゃんと話ができる、優しくて家族を本当に大切にしてくれる夫です。ところが男のほうは女性と力比べをしてしまうのです。男のこの性分《しょうぶん》というか、性《さが》というか、これがまた夫婦の間を難しくしています。

A子さんは高校の先生です。夫は高校のときの先輩ですが、明らかにA子さんのほうが優秀です。A子さんにはリーダーシップもあり、みんながA子さんを中心に集まってくるような人です。

これは誰にでもある資質ではありませんから、夫はその資質を認めてマネージャー役に徹すればいいのですが、それができない。妻と張りあってみても、どうもうまく行かない。彼はとうとう妻と同じ職場から離れてしまいました。一〇年前に夫と離婚したA子さんは、娘を自分のほうで引きとりました。

A子さんは、職場の公立高校で組合運動をしていました。もともとは夫の活動について行ったのですが、A子さんのほうがリーダーとして優れていたのです。幸か不幸か、そこには日の丸起立問題をはじめ、いろいろな問題が山積しています。体が大きく、声も大きく、人気のあるA子さんのリーダーシップが組合員の支持を集めました。

そんな彼女がクリニックを訪れたのは買い物依存の問題でした。高価な和服にはまって、数千万円の借金を作ってしまったのです。私はひと言、「どうして親に言わないの」と言いました。A子さんは地方の裕福な土建業者のひとり娘ですが、親が離婚し、父親が再婚してからの十数年郷里に帰っていませんでした。私の勧めで父親に連絡を取ったら、借金問題はあっという間に解決してしまいました。そのかわり家業を継げという話になった。

A子さんはこの話にけっこう乗り気です。今は自治体職員として組合活動をしていますが、革命を起こしたいわけではない。持ち前の正義感から乗り出したことに熱中できたひとつの理由は、寂しさだったのでしょう。本人はそれを理解しています。

A子さんは、離婚した母親と同じマンションに住んでいました。お母さんがいなければ、仕事をしながら娘二人の養育は難しかったでしょう。A子さんの末の娘は、ほとんど父親を知りません。

さて、借金がゼロになったA子さんは急に寂しくなり、憂鬱になってしまいました。

「やっぱり何か足りないのです」

と言うので、「別れた夫は、あなたに必要だったんじゃないですか？　もう一度やり直してみる気はありませんか？」と聞いてみました。そこで声をかけたら元夫のほうは再婚しておらず（かといって定職は持たずに、夢を抱えた市民運動家になっていました）、「日本の山は荒れている、山の緑を復活させ、その山に住んで炭を作る」というキコリの夢を語ったそうです。

理想にこだわる〝キコリスト〟

男性の中には、人生のプロジェクトが大きすぎる人がいます。大きすぎると計画というより夢になってしまう。この手の人は基礎を固めて自分のできる範囲でやるという計略がヘタなようです。

Ａ子さんの夫も、別れる前、「俺には俺の人生がある、プロジェクトがある」としきりに語っていたようです。Ａ子さんにしてみれば「それじゃやってみれば」という話です。ところが実践となるとなかなか先へ進まないように、Ａ子さんには見えた。そんな食い違いが重なって別れたというのです。

夫のほうは、別れた妻に一泡《ひとあわ》吹かせようと、あわてて起業したら失敗してしまった。今、「子どもたちの父親として出ていく資格がない」と言っているというので、「バカって、ひとこと言えばいいよ」とアドバイスしました。Ａ子さんが「バカ」と言うと、夫は「そうだ、バカだ」と素直に答えたそうです。

そこでいっしょに食事などするようになりました。下の娘はお父さんが珍しくて、近くに住むようになった。お父さんの部屋でしか勉強しません。

元夫は、郷里で田植えイベントを始め、若者たちの人望を集めています。夢もアイデアもあるのですが、具体的な事業に移すのが苦手だったようです。Ａ子さんも別れる頃には言葉の空虚さに耐えられなくなっていましたが、彼を魅力的だと思う気持ちは消えていません。自分の父親にはないような繊細さや優しさを感じていたのでしょう。ですから夫のほうも力でA子さんに勝とうと思わず、その優しさのほうを活《い》かせばよかったのです。

女性のほうは彼に力や成功を求めていませんでした。農業をやりたいのであれば、「キミと、娘たちのために、安全な農作物を育てる」と宣言して、小さな畑を耕していたほうが、よほど喜ばれたでしょう。活動家としては妻のほうがパワーがあった。しかし先見性という点では、夫は優れた人材で、エコロジストです。私はこうした「エコ派」を〝キコリスト〟と名づけました。キコリストは今、あちこちに誕生しつつあるように思います。

バタードウーマンとその娘たち、キコリストの彼

もうひとつ、別のパターンをご紹介しましょう。B子さんは古いお寺の住職と結婚しましたが、あまりにも横暴なので別れました。元夫はすぐに再婚したくせに、その妻C子さんがパチンコ好きで困っているとか何とか言っては、B子さんのところにやって来るそうです。

ややストーカーぎみになっていまして、「おまえが戻ってくるならすぐC子とは離婚する」などと誘惑するのでB子さんはほとほと嫌気がさしていました。

さて、B子さんにも今は〝キコリスト〟の彼がいます。地域内に保育園を増やそうとがんばっている地域の活動家で、元夫とはまったく違うタイプです。元夫のほうは、極度のケチで、B子さんが出ていったときに鍋を持っていったからといって、「鍋返せ、鍋返せ」といまだに言っているような人です。それに比べて、困っている母親たちのために地域の保育園を作ろうとがんばっているキコリストは素敵に見えます。

B子さんのほうも大変活動的です。いわゆる〝バタードウーマン〟でした。元夫には暴力を振るわれていて逃げてきた妻ですが、バタードウーマンというのは能力のある女性であることが多いのです。能力があるからこそ、夫の嫉妬《しっと》をかって殴られる。自分の優位がおびやかされそうになって不安を感じた弱くて愚かな男が、

「女はおとなしくしていろ。俺より出っぱるな、生意気だ！」

と殴るのです。

さて、B子さんにも娘が二人いますが、長女はうまいことお父さんに取り入り、お金を出してもらって大学を卒業して保育士になりました。母親の実家が経営する保育園に入れてもらおうと思ったら、母の弟の嫁さんに阻止されました。彼女も保育士なので、これはなわばり争いでしょう。

次女は今浪人中ですが、その資金も、元夫の住職が出しています。いばっているわりに家にも入れてもらえず、娘たちと会うのも浅草《あさくさ》とか上野《うえの》とか東京名所みたいなところです。娘たちは殊勝《しゅしょう》げに「ありがとう、お父さん」とお礼を言って、父親をATMのように使っています。

振り上げたこぶしを下ろせない夫たち

B子さんは地方から東京に出てきて五、六年でその地域に根を下ろし、小学校併設の保育園で働いています。そして今度は地域活動家と連携して、公立の保育施設を立ち上げようと努力しているわけで、生活者としてたくましい。目のつけどころも悪くありません。キコリストのように夢を語っているわけではなく、ちゃんと保育士という自分の力の延長上で考えています。

A子さんも、組合員としても優秀だし、土木建設の仕事だって仕切れるようになるでしょう。夫がいなくてもひとりで充分生きていける。実にパワフルです。こういう話を聞いていると、「男はだめだな」と思います。

何しろB子さんの元夫の住職は、いばって偉そうにしているわりには、女房がいないとやっていけないのです。檀家《だんか》の人たちが「今度の奥さん（C子さん）じゃだめだ、前のを呼び戻せ」としきりに言うらしい。お寺だって商売、ビジネスですから、檀家衆の反感をかってはどうしようもありません。

住職夫はさんざんB子さんの悪口を言ったらしいのですが、檀家衆からすれば「今の奥さんとは格が違う」と。お寺ビジネスの中では、奥さんの力も大きいのです。そこでなんとかB子さんに戻ってきてほしい。

住職夫は、B子さんの能力におびやかされていたので、今度は自分の思いどおりになりそうな女性を選んだつもりなのでしょう。パチンコ狂のC子さんならどうにでもなると思ってた。ここがまた彼の甘いところです。C子さんを追い出すのは、彼が思っているほど簡単ではないでしょう。

B子さんは、住職夫より事態をよほど冷静に見ています。

「彼は、前はさんざん周囲に私の悪口を言ったくせに、今度はC子さんのことをひどい女だと言っている。あの人は誰でもいっしょになった人の悪口を言う。自分の都合が悪くなったらすべて相手のせいにする。C子さんがかわいそうだ」

と、むしろ彼の新しい奥さんに同情的です。だいたい、人の悪口を言う男性が女性に支持されるはずがありません。住職夫はB子さんに戻ってきてほしくて新しい奥さんの悪口を言うのでしょうが、「そういうところがいやだ」という話になって、B子さんの心はよけいに離れていきます。男性である私が聞いていても「そりゃだめだよ」と思います。

こうした話を聞いて私が感じるのは、男のケンカの仕方は不器用だということです。こぶしを振り上げてしまって、どう下ろしていいのかわからない。自分が手をあげた相手が、そのこぶしを下ろすきっかけを作ってくれるのを期待している。あきれるほど幼稚です。

妻のほうは、夫を見切って離れます。その際は今まで築いた隣人・友人との悲痛な別れと未来への不安におののいていました。しかし飛んでいった先の土地で、タンポポみたいに根を生やしています。

自然にまかせて、夫婦関係がうまくいくことはない

こうして夫婦が「うまくいかない」元凶をあげていくと、夫婦というのはもともとうまくいくはずがないということがわかってきます。相性のいい素敵な相手を選べば、放っておいても自然とうまくいくということはありえません。

職場の人間関係がややこしいように、家庭の人間関係だってややこしいに決まっています。毎日つきあう近しい関係ほど、相当な努力をしなければ維持できない。これはすべての人間関係に共通しています。

夫婦関係だけその努力なしにすませたいと思うのは、単なる甘え。職場でいろいろ大変だから、家に帰ったときくらいホッとしたいと思う気持ちもわかりますが、今までの結婚は、男にとっての安らぎの場。「女は三界《さんがい》に家なし」というように、女性に

とっては忍耐と修行の場だったのです。

女性も最近は職場の人間関係でくたくたになって、家に帰ってきたらホッと安らぎたい。夫ばかり都合のいいように家庭を運営できなくなってきました。一方的にどちらかが安らぐのではなく、お互いに安らげる家庭にしようと、考えてみれば当たり前のことを、ようやく妻たちが要求しはじめたのです。

第3章　「家族」というものとは？

～あなたが考える夫婦の姿は幻想である～

父の宣告が家族を作る

現在の夫婦は家族という単位を作るための核になっています。夫婦の関係が家族を作りますし、家族というもののイメージが夫婦の関係を規定している面もあります。そこでこの章では「家族」というものの成り立ちを考えてみたいと思います。

そもそも、家族を作る動物は人間だけです。人間が家族を作ったというより、家族的なものが誕生する中で人間の発達が進んだといえるのかもしれません。

私たちの祖先は捕食される動物でした。サバンナでライオンやヒョウが獲物《えもの》を狩る映像をご覧になったことがあるでしょうが、祖先たちもあんなふうに狩られる動物だったのです。シマウマやヌーが群れているように、集団でまとまっているほうが生存に有利だったのでしょう。

また親族も含めて大集団を作れば一定の人数を確保できます。自分たちの食物を得るにも集団化は有利です。体力が多少劣っていても、人数が多いほうが場所を占拠できます。そして、こうした家族集団、親族集団を形成していく過程で、中心にいたのが「父親」です。

父親は、「おまえらは俺の管轄《かんかつ》下だ」と宣言します。おまえらは俺が面倒を見る。おまえはうちの子、という家族集団を作る。これが仕事です。逆に言えば、父親というものにはそれくらいしか仕事がありません。

父親のもとにできた家族集団は、別の家族集団に娘を嫁に出します。また別の家族集団からは嫁をもらいます。これを、家族集団の中に適齢期の娘を置かないことにより、近親姦《きんしんかん》を防ぐためと説明する人もいます。

人間が、身体的に次の世代を作れる能力ができるのはだいたい一二歳くらいでしょう。この年齢に達した娘は、父や兄弟との近親姦が起きる前に、他家族集団へやられてしまうわけです。

このタブーが犯されないように（多くの場合、父親自身がわが娘に手を出さなくてもすむように）、家族集団を維持するのが父親の役割です。つまり家族の発生イコール父親の発生といえます。

父親は、「おまえらは俺の管轄下だ」と宣言し、家族の中に「これをしてはならない」という掟《おきて》をしき、そしてその家族集団の安全を確保する責任を負います。

「生物学的父」(ジェニター)と「社会学的父」(ペーター)

このときの父親とは、必ずしも血を分けた父親である必要はありません。未開社会を研究フィールドとする人類学では、「生物学的な親」と「社会学的な親」が違うことが多いので、こう呼び分けています。

生物学的父をジェニター、生物学的母をジェネトリクス、社会学的父をペーター、社会学的母をメーターと呼びます。

ジェネトリクスとメーターは一致していることが多いようです。出産、授乳の期間を通して、産んだ母親が乳幼児をケアすることは自然です。けれどもジェニターとペーターには一致しない場合が多々あります。

たとえばインドのナヤール人は母系社会で、通い婚による妊娠が一般的です。子どもの父親が誰であるか特定されません。そこで「父親宣告」をして、生まれた子どもの養育責任を負う名乗りをあげたものが父親になります。

現代ではジェニターとペーターは一致していることが普通になりましたが、そうはいっても本当のところ父親はよくわからない。「どうもうちの子のタネは自分ではないのではないか」と疑いを持ってDNA鑑定をすると、相当な確率で違うそうです。もちろん、疑いを持ってわざわざ鑑定をするほどですから、疑うべき根拠があったからなのでしょうが。

さて、父親が娘を他家に嫁にあげると、そこの家から嫁がやってきます。けれどもこうして集団Aと集団Bだけでやりとりをしていると近親姦に限りなく近づいてしまいますから、もうひとつ別の集団Cともやりとりをするようになるでしょう。するといくつかの家族集団が、親族集団として形成されていきます。

こうした親族関係が網の目のように発達してくると、コミュニティ（地域）と呼ばれるようになります。こういう複合的な集団を作っていったのは人間だけなのです。

娘は父親の財産であった

私たちが文字で知ることのできる古代社会の家族は、ファーザーフッドが支配する「家父長制《かふちょうせい》」でした。中国、古代ギリシャ、聖書の頃のイスラエルも、読んでいると家父長制的な家族が描かれています。

古代ギリシャには叙事詩だけでなく、ソフォクレスの『エレクトラ』『オイディプス王』、エウリピデスの『オレステス』のような、家族劇があります。父殺し、母殺しの物語や、知らずに母と婚姻してしまう母子近親姦の悲劇など、家族劇的な側面が強い。

ここに描かれているのは圧倒的に家父長制の家族です。以前、『恋におちたシェイクスピア』という映画で、ヒロインのセリフに「私は父親の持ち物だから」というセリフが出てきました。英語では「持ち物」を「プロパティ」と表現していたと思います。

娘は父親の持ち物であり、財産なのです。娘を他家へ嫁にやることは「贈与」となります。娘の結婚は父親の一存によって決まる。父に裁量権がありました。

聖書のレビ記に、婚約した娘が人のいる町中で強姦された場合、その娘と強姦者は殺されなければならないという規定が出てきます。荒野で同じことが起きた場合は、助けを求める人がいないから、犯人だけが殺されます。

この裏には父権があります。娘は父親の持ち物で、父親が他の父親に贈与するものであり、財産として大切な木箱の中に入れておくものです。あくまで父親の意思で贈与するものであって、娘の意思で贈与してはならないし、贈与をされてもいない他の男が奪ってはならない。この財産権を毀損《きそん》した場合は、死刑となるわけです。

現代を生きる私たちから見ると信じられない規定ですが、「死刑」という極刑が信じられないだけで、「娘は父親の財産」「父親の一存でよそに贈与される」という考え方自体は、少し前まで普通であったように思います。

『源氏物語』の時代にも、娘という財産を天皇家に贈与するのは父親の有効な戦略だったようですし、戦国時代の武将たちも、自分の妹だの娘だのをあちこちに贈っています。

父親は世代間に「性の境界」を引く

人間は「性の氾濫《はんらん》」を抑制してきました。家族を維持するためには、成長してくる息子たちと父親が対立関係にならないようなルールを作る必要があります。成長してきた娘が、家の中で色気をふりまくのも許されません。父親が娘に手を出したり、娘が兄弟に襲われることがあってはいけないからです。

父親の後妻や二番目・三番目の妻と、前の妻の息子たちが性的関係におちいることも禁止されます。前妻の息子たちにとって、父の後妻は生物学的母（ジェネトリクス）ではありませんが、社会学的母（メーター）となります。

これを「母」と認めることからジェネレーション（世代）という概念が出てきます。レビ記には「父の姉妹と姦淫《かんいん》してはならない」という規定が出てきます。父の姉妹は母と同等に扱われ、母はたとえ義母であっても実母と同格に扱われます。これは父親の世代に入る異性であり、性は世代を越えてはいけないというのです。

そしてジェネレーションの世代間境界、家族を区切る中心点にいるのは母ではなく父だということになります。これが社会学的な父の誕生です。

インドのナヤール人の例を先にあげましたが、妻問《つまど》い婚は日本にもありました。日本の社会はいとこ婚が許されていますし、古代天皇家の歴史を見ていると、叔父―姪《めい》や、叔母―甥《おい》の婚姻も普通に見られます。

中国の相続制では、苗字が同じ金とか宋というだけで婚姻できません。大陸部にいる人と沿海部にいる人といったように、距離的に相当な差があってもダメだそうです。集団間で娘をやりとりするという考え方の、その集団の範囲がかなり大きいのです。

日本のほうが融通《ゆうずう》が利くというか、柔軟性があります。それが西洋式近代化を進めるうえでは有利になったのかもしれません。

明治時代に輸入された軍人家族

「家族」というのは、もともと血のつながりや情愛から自然発生的に生まれたものではなく、経済的、社会的必要性で生まれてきた制度です。

もちろん、血のつながりや情愛による家族的結合はあります。これは人間の基本ですからいつの時代にもありますが、「家族」の形態はその時代時代によって変わってきます。家族の発生自体が社会の発生と深くつながっているのですから、社会の仕組み、国家の制度によって家族の形が変わってくるのが当然なのです。

日本の農耕社会の中でも、家族という「族」を作っていたほうが生産力は高かったでしょう。家族的共同体で稲作を担っていました。

この単位を利用して戸籍を作り、そこから収穫した米を年貢として取り立てるのが国家の仕組みの基本でした。米の生産と国家の支配の単位としての家族というわけです。土地と穀物を安全に管理するための組織だったのです。

江戸時代の侍《さむらい》社会は家父長制でしたが、日本の近代核家族は、明治維新で急速に西洋風の軍人家族が輸入されて成り立ってきました。

黒船がやって来て、外国は強い、日本も強くならないと侵略されてしまうという恐怖のあまり、あわててヨーロッパの組織を輸入します。日本の家族は軍事組織のひとつの単位となりました。

明治時代にはカイゼルひげが流行《はや》りました。カイゼルというのはツァー、皇帝のことです。カイゼル・ヴィルヘルムという当時のドイツ（プロイセン）皇帝のひげを日本の軍人はみなマネをして、いばって鹿鳴館《ろくめいかん》でダンスをしたりしていました。家に帰れば家族一同に出迎えられる。

優秀な軍人になるには西洋風の教育をしっかりやって、家族も西洋流にしつけて、女の子はクリスチャン系の女学校、男の子は士官学校か帝国大学。大急ぎで権威を外国に求めて、強い制度を移築しようとしたのでしょう。今度は、家族という「族」をこしらえたように、国家がお膳立てしました。そのほうが規律性も労働性も上がります。こうして成立した国民学校の制度は、近世にあった藩校とは明らかに違う性質のものです。ここで天皇の臣民を育てるための教育を進めていきます。

国家が効率よく収奪《しゅうだつ》するために作る制度は、定期的に更新されてきましたが、ひとつが明治の軍人家族なのであって、その象徴とされたのが明治天皇でした。これから は強い天皇だということでカイゼルひげをはやして、白い馬に乗ってみせました。そして庶民がこの「国民の父親」をマネたわけです。これが日本の家族の源流のようになりました。今、私たちがよく知っている「家」という概念は、このあたりからできてきたと思われます。決して江戸以前に遡《さかのぼ》るような古いものではありません。

「お殿様的父親」は戦後崩れていった

明治時代に付《つ》け焼刃《やきば》で輸入した軍人家族の虚像が、日清《にっしん》・日露《にちろ》戦争で勝ってしまったために、肯定されてしまいました。その後、第一次世界大戦をへて第二次世界大戦で敗戦したところで、もう一度家族の変容が起こります。

戦後は、かわってアメリカ的な父親像が大量に輸入されました。アメリカの父は、民主的なふりをしていますが、実は家父長制の中央にどっかと座るマッチョ男です。「父は何でも知っている」「何でもできる」というような、全知全能のお父さんでもありました。

そして何よりアメリカ文化を代表する父でもありました。ドラマや映画で見るアメリカは、一戸建ての家に車で近所の人が集まってきて、冷蔵庫には栓《せん》抜きがついていて、私たち日本人にとってはまだ貴重品だったコカコーラを取り出して、パカーンとあけて飲む。少年たちは、そこに君臨するお父さんの姿に心奪われ、理想的な・将来的な家族とはこういうものかと思いながら見つめていたものです。

そして戦前の父親像は徐々に崩れていきます。小津安二郎《おづやすじろう》の映画の中の父親は、ステテコに白シャツで突っ立ったままでいると、妻が着物を着せてくれる。自分がやるのは帯をしめるところだけ。お殿様です。ところがこういう父親像が戦後崩れていく有様もまた小津安二郎は描いています。

たとえば『晩春《ばんしゅん》』。笠智衆《りゅうちしゅう》が演じる父親は妻には先立たれていて、原節子《はらせつこ》が演じる娘が行き遅れつつあるのを深く心配しています。娘は丸の内あたりに勤めていて、すでに父親の一存でどこかに贈ることはできなくなっています。

その四年後の『東京物語』では、父親像がさらに変化してきます。東京で独立している子どもたちのところに老夫婦が訪ねていくと、子どもたちからじゃま者扱いされて、息子の家庭ではすでに都会風の嫁さんがイバっている。夫婦でちょっと悲しい思いをし、妻は途中で死んでしまう。

この二つの映画では、日本のそれまでの家族制度が壊れていく様が描かれていました。その後、さらに小津安二郎の映画には団地に住んでいる核家族が登場します。ひとりの監督の作品の中でこれだけ家族像が変わっていくのですから、家族システムが変貌をとげるのもけっこう早いといえるでしょう。

私たちが今「家族」と認識している家族の形というものは、それほど昔からあるわけではない。急速な変化の中にあるということがわかります。

母が存在感を発揮する「菊次郎とさき」的家族

昭和ももう少し時代があとになると、父親の典型として向田邦子《むこうだくにこ》的な父親像が出てきます。厳格な父親が家族に対して権威を維持しようとしているのですが、そのような父親像は時代遅れで、すでにその権威は維持できなくなっている。

そんな父親を「かわいい」とか「かわいそう」と思う娘がいる。うちではイバっているくせに上司が来るとぺこぺこしていたり……。すでに権威でもなんでもない父親の存在を娘は見抜いているのですが、でも目の前で暴くと父親が傷ついてしまうので、あえて口にはしません。

その少しあとになると今度は「菊次郎とさき」的な家族が出てきます。これは、お笑いタレント、ビートたけしの実父母を描いたテレビドラマの原作です。

父ちゃんはイバっているのですが、すでにまったく権威がない。権威がないけどイバりたいので、酒を飲んで暴れる。父ちゃんが酒を飲んで母ちゃんを殴るのがいけないんだ、と思う息子に対して、「こんな地獄に生きるんじゃないよ、父ちゃんがああなったのはバカだからだ。おまえは学問をしなさい」と母ちゃんは言う。

いちばん上のお兄さんが高卒で働いて、稼いだ学費で弟二人を大学に進学させる。けれども末っ子の三男（ビートたけし）はせっかく進んだ大学を中退して芸人になってしまいます。

そして何かというと母は、その末っ子に金をせびり、「なんだこのごうつくばばあは……」と思っていたら、「芸人なんていずれどうなるかわからない」と、そのお金をちゃんと息子の将来のために貯金していたというオチです。

そういう強い母親が家族の中心にいて、存在感を発揮しています。すべての根源は母親という印象がある。決して家父長制ではありません。父親はたいてい酔っ払って、飲み屋をはしごしていて、今日はこのあたりの酒場にいるだろうと探しに行くと簡単に見つかる。ネコみたいに周遊しているのです。

父親としての精神的バックボーンのようなものが全然ない。あるとすれば反面教師。ああなっちゃおしまいだよ、あんたたちの父さんはバカだろ、無学だろ、と母が息子たちに叩《たた》き込んでいくのです。

勉強のできる子が「孝行息子」だった

兄弟の上のものが犠牲になって下のものの教育をすることも、この時代ではまだ当たり前にありました。家族の紐帯《ちゅうたい》が大事にされていましたし、ソシアルサポートが今ほど安定的ではなかったので、家族の中でなんとか帳尻をあわせながら助けあっていたのです。

教育が大事にされ始めたのもこの頃です。さきさんが、「今日は何か買ってあげるからおいで」と言って神田《かんだ》の三省堂《さんせいどう》までついていくと、参考書ばかり何冊も買わされます。この頃の母親はどこの母親もみなそうだったと思います。

そして孝行息子といえば勉強ができる息子です。少なくとも勉強をいやがらずにやってみせる子が「いい子」でした。日本は階級がないと言いながら、かなり便宜《べんぎ》的に出身校で階級が決まってきます。

正確には学歴社会でもなく、〝学校名社会〟ができていて、東大を頂点にした輪切りになっています。それが虚構のものだということはみんな知っているのですが、前の世代までは、これが家族のあり方から来る結論でしたので、だれも異論を唱えなかったのです。

庶民の家族というのは、みんなが当たり前に知っている家族ですから、かえって文字化されていません。映画やドラマや漫画の端々《はしばし》にその様子を垣間《かいま》見ることができます。昭和の家族の一典型としてサザエさん一家は有名です。ほぼ嫁さん側の資力で養われている、マスオさん型。あれはあれで、急速な近代化、家そのものの近代化の様子をよく表わしています。

そして一九八〇年代終わり頃から急速に晩婚化が進んで、若者たちがいっそう家から離れられなくなります。

郊外に住む、ある程度裕福な家族の登場

現在の六〇代の人たちは、「菊次郎とさき」に育てられた世代ですから、残像として父親の形式が残っています。そこが今の二〇～三〇代の夫婦と違うところでしょう。

その少し下が団塊の世代で、「ひきこもり」という現象が現われてきたのは、この

世代の子どもたちです。貧乏人といわれることを恐れて、何でもみんなといっしょにしようと努めた世代です。

団塊の世代が社会に出ていったときには人口の大移動が起こりました。多極集中で、福岡、大阪、名古屋、仙台などの地方都市に集まりました。地方から東京の大学にも大量にやってきて、九州出身の人と北海道出身の人が結婚するようなことも起こりました。そのまま東京に職を得て生活を始めるのですが、もともと東京に家がありません。

そこでこういう人たちが郊外に家を建てて住み、〝郊外文化〟が発達しました。大ヒットしたドラマ『金曜日の妻たちへ』(一九八三年放映)に出てくるような家族で、ある程度の安定した経済力があり、郊外に一戸建てを買える層です。

ここに登場する妻たちは知的で若く、奔放《ほんぽう》な恋愛をします。肝っ玉母さんとは違います。さきに恋愛は期待できない。お姑《しゅうとめ》さんは登場しませんし、いても無視。姑が登場してくるとしたら「そろそろ施設に預ける?」というような話題です。あの頃から嫁と姑の力が逆転してきたようです。鬼嫁という言葉も当たり前になってきます。

郊外文化は結局のところ、何物も生み出さなかったといわれています。地域の中で育まれるべき遺産や技芸《ぎげい》はありません。夫は福岡や東京に勤めに出かけ、家には深夜帰ってくるだけ。北海道や九州から来た人たちの寄せ集めですから、その土地の郷土文化や村落共同体には属しません。

自分の住んでいる場所に何の郷愁もない。ご近所づきあいはある程度仲良くやっていますが、そこに根づかない。せっかく買った一戸建ての家も、その子どもたちが受け継いで住むのかというと、そうでもない。子どもたちは子どもたちで家を離れて、家は空虚になりつつあります。

核家族文化は意外にもろかった

今、そういう郊外都市の家で孤老死の問題が起こっています。それを助けているのが、彼らが属そうとしなかった村落共同体の青年団です。孤老死発見の会などを作って、サポートしています。

これらの郊外都市はもとより人工的に作られた都市なので、八百屋にしても乾物屋にしても、住んでいる周辺の商店街というものがありません。しかも最近はだんだん人口が減って、地域に一、二軒はあった八百屋さんもつぶれてしまい、買い物をしようと思ったら駅前のスーパー（さらには郊外大規模施設の中にあるスーパー）まで出向かなくてはならないのです。

そしてやたら坂の多い道を上ったり下ったりした山のふもとに一戸建ての住宅街がある。大根を一本買うにも山を降りて、駅やバス停まで出ないといけないので、若いときはよかったのですが、歳をとってくると不便です。

老夫婦の都心帰りは、必然的な現象となります。現在はこういう郊外都市を再生しようとして、小さいサイズの団地をアトリエに改装したり、定年後の老人に開放したりと、いろいろ工夫しているようです。

もうひとつ起こってきた現象は、もともと東京に家を持っていた人の子どもたちです。杉並、世田谷あたりに家を持つ家族の息子・娘たちは、丸の内あたりに勤めて自宅に帰ってくる。カツオやワカメがＯＬやサラリーマンになったわけです。せっかく家があるから高い家賃でアパートを借りる気もせず、親が食事も作ってくれて楽なのでパラサイトシングルになっていきます。異性を引き入れて次の世代を作ることに成功した子どもたちは、庭に自分たちの家を建てたり、一戸建てを二世帯住宅に建て直したりして、狭いところにみんなでごちゃごちゃ住んでいるのです。

こういう現象をながめてみると、大家族が崩壊して核家族文化というものができかったのかと思ったら、意外にもろいものだったといえそうです。

現代の家族は「コンシューマー」——商売の種として見られた家族

明治維新に作られた家族が「軍人家族」だとすると、戦後の家族は「企業戦士家族」。お国のため、会社のために尽くすのに効率的な単位となっていました。夫は外へ働きに出て、妻が家事を分担するという分業制です。これが国家にとって都合のいい家族システムでした。

そして経済が発展し、物が豊かになると、次に家族は「コンシューマー」（消費者）であることを期待されました。家族にお金を使わせる、施設やサービスを利用させる

――どういうふうに家族に消費を促進させようとかという対象です。

何もない貧乏なところから始まったときは、物を生産すれば売れたわけですが、飽和状態になったら、より強力な消費意欲をあおらないと売れません。そこでマーケティングリサーチの出番です。

女性層にどうやって働きかけるとか、女性層でも細かく年代やライフスタイルを分けて、消費傾向をリサーチして、いらないものまでどんどん買わせる。いるかいらないかわからないものは、「今のうちに買っておきましょうよ」と言って買わせる。

この年代のシングルの女性というのはこういうものなのだと「マス」で見られるのがイヤで「自分の個性」や「オリジナリティ」を発揮しようと、ブログで発信者を演じる女性も多くなりました。が、そこまで含めてコンシューマー。「ブロガー」という新たなマスにどうやって消費させるかを考えている人たちがいます。

そんなマーケティング社会ですから、「息子とうまくいかない父親」も「離婚危機にある熟年夫婦」もコンシューマーを表わす記号でしかありません。

女にとって男は本当に必要なのか？

いずれにせよ今までは家族的な紐帯を頼りにして、家族を一単位として、その集合体である国家を組織していたのですが、こうしたシステムも崩れつつあるといえるでしょう。婚姻そのものがあまり意味がなくなってきました。

東京に住んでいたらシングルでも何不自由なく生活ができます。家族単位になっている必要もない。あと結婚する必要性は何かなと考えたとき、婚姻というものがセックスのみに還元されてきたわけです。

婚姻は制度ですから、本来セックスとは何の関係もない。セックスするパートナーさえいれば、籍を入れたり結婚したりする必要はないのです。

そこでさらに突きつめて考えると、男性は必ず女性のほうに向くものか、あるいは女性は必ず男性のほうに向くものなのか――という問題も出てきます。

男性でも女性でも、産まれたときは女性の裸の胸に抱きとめられた経験を持っていますから、男の子が大きくなって女性の裸の胸に焦《こ》がれるのはよくわかるのですが、女性のほうはどうなのでしょうか。婚姻が必要なければ、男性もいらないのではないでしょうか。

ライオンやヒョウにねらわれている頃は厚い胸板や筋肉の力が大事だったのでしょうが、今はキーをタッチする力さえあればいい。知恵は女性が充分に持っています。冷静に考えてみると、なんで男なんか求めていたかねぇ……というような話になってきても不思議はありません。

男性の経済力の庇護《ひご》のもとに生きていこうなんてちゃんちゃらおかしい。語学だって女の人のほうが早くうまくなります。韓国語だって韓流映画やテレビにかじりついているうちに覚えてしまう。情報発信能力も女性のほうが優《すぐ》れています。

あえて男性のほうが多少優れているかなと思うのは、空間認知能力でしょうか。次世代の社会をどう構築するとか、といった巨大で抽象的な話になれば、まだお役に立てます。でもそれがすぎると〝キコリスト〟になってしまう。

次世代を残そうと思ったら精子は必要ですから、スーパーメール（超優秀オス）は生き残るかもしれません。見た目がよくて身体能力に優れていて頭脳も優秀な人たちの精子は精子バンクで高い値段がつくでしょう。けれども大事なのは精子で、男性という個体はいらなくなるかもしれません。男たちはこうした事態になるのを本格的に恐れるべきです。

女性は社会進出して、今まで男性がやってきたようなことをだいぶ身につけました。今度は男性が、今まで女性が得意といわれてきたコミュニケーション能力や身近な生活能力を身につけないと、女性からクビを宣告されるでしょう。精子さえあれば他は女性で全部まかなえる、ということになるからです。

男は昔から女の力に怯《おび》えていた

実際、子育てが終わって女性同士で温泉に出かける仲間などを見ていると、その中にひとり魅力的な人物がいて、皆が彼女にほれている……というような関係を見かけます。

その人は弁舌が立ち、知識と行動力・統率力はもちろん、寛容さも持ちあわせています。企業に勤めていれば、あなたの上司になっていたかもしれないような、優れた人物です。息子さんを名門大学にやり、有名企業に勤める夫をあしらい、その姑を表だったトラブルもなく冥土《めいど》へと送り出しました。料理や掃除の腕は一級品、美術展や演劇、カルチャーセンターの情報もいち早く持ち込んできます。程度の差こそあれ、こういうスーパー主婦が、どの町内にもいるものです。妻たちは、彼女の発言に従い、みんなで揃《そろ》って彼女の薦《すす》めた商品を買います。

「ちぇっ、またAさんの話かよ！」

そのスーパー主婦を語るときの妻の目は、どことなくうっとりとしているものですから、夫たちは不機嫌を隠せません。

「あの女のほうが、俺より上だとでもいうのか」とでも、言いたげにします。その態度がまた、妻の不興をかいます。

実はこういうタイプの女性は、最近急に現われたわけではなく、昔からいました。それを男たちが恐れて、ていねいに、ていねいにその芽を摘《つ》んできたのです。

たとえば中世の魔女狩り。魔女と呼ばれた人たちというのは、だいたい原型は産婆さんで、病気や薬草の知識などが豊富で、今の医者のような役割を果たしていました。同時にシャーマンであり、婿選びから遺産相続まで、女たちはみんなその人に相談に行って助言をしてもらうのです。

当然、地域住民に影響力が大きいので、あまり力を持たないうちに小領主たちが摘《てき》発《はっ》して、女たちに権力をのっとられないように注意深くそいできました。魔女のほうはべつに王権をのっとろうとたくらんでいるわけでもなかったのでしょうが、男性のほうが力のある女性に怯《おび》え、恐れるのです。

薬草を煮ているのを、「大鍋から足が出ていた。行方不明になった子どもだ」などといかにもそれらしい、あらぬ罪を着せ、魔女に仕立てて、どんどん地位を貶《おとし》められる。男性社会による女性抑圧です。頭をもたげてきたら叩《たた》く。あまり力をつけないうちに叩く。自分たちが築き上げてきた男性社会をひっくり返されないうちに叩く。男性社会の中で女性が頭をもたげるのはけっこう大変ですが、すべての男たちが手を組めば貶めるほうは意外と簡単です。

これからどうなるかといったら、ひとつの可能性として考えられるのは、女性たちの力意識の極端な肥大でしょう。男性はいらない。女性の力だけで充分だ、と。

そして好色になる。少し前までは女性の好色は嫌われてきました。えっ、女性にも性欲あるの？　と思っている男性さえいました。性欲があるのはポルノビデオに出てくるような一部の女性だけだろうと本気で信じていた。

「戦争のかわりにセックスを」というスローガンをやってのけるのは女性でしょう。いきなり斬りあいなんて野蛮なことやめてよね、好みじゃないわと。

だいたい政治というのは交渉事《ごと》なのですから、女性のほうがよっぽどうまいはずなのです。韓国ではクォータ制（割り当て制）を採用して女性議員の割合を高めようとしていますし、スウェーデンでは閣僚の半数を女性が占めています。将来的に各国の首脳が女性になってくると、戦争や紛争はだいぶ減るでしょう。

男は女の性質をもっと利用したほうがいい

男性は優位に立つことが好きですから、権力への執着があります。いろいろなものを犠牲にして他の人を蹴《け》落として、トップの地位を得ようとする。ところが女性の一般的性質として、自分が優位に立つことより、仲良くやることのほうを優先しますから、「私が引いてすむことなら」「私が謝ってすむことなら」と、譲《ゆず》って穏便《おんびん》にすませてしまう人が多いのです。

それを続けていると、権力の座は男性だらけになってしまいます。たまに権力の座に上りつめる女性は男まさりの権力志向の持ち主で、せっかく女性がトップに立ったのに、やはり戦争で他国をやり込めようとしたりして意味がありません。

そうではなくて、折衝《せっしょう》能力の高い平均的な女性をどんどんトップに持っていかないと、世の中は変わらないでしょう。その人は、他者への愛と関心（注目）という点で人より優れています。その人が「まぁまぁケンカせずに」とか言って、実務は有能な男たちにやらせるのです。

「何ケンカしてるの？」「どうして泣いてるの、お母さんに話してごらん」「さぁさぁ、仲直りしてご飯にしましょう」と、これが基本です。女の人はこの折衝をたくまずしてやっています。あれはすごい能力だと思います。それなのに今までそれが「能力」としてとらえられてこなかったのです。

もちろんこれは話を単純化しているだけで、男性にもこういう能力が高い人はいますし、女性にもいろいろな人がいます。女の人のグループがいつでもどこでも平和だとは思いません。すべての人は、基本的に力がある人の傘の下に入りたがります。

とはいえ、女性たちが今の状態にずっと満足しているとは思えません。現状に違和感を覚える男性も増えてきています。食糧の足りない時代ならともかく、今の時代に何を争おうというのでしょうか。私たちは、権力のトップを極めながら、寂しく死んでいった人を何人も見てきました。

今後の流れとして、いったん女性権力の過剰が起こって、その後、平坦になるのではないでしょうか。現にノルウェーで始まったクォータ制やアメリカで熱心に議論されているアファーマティブ・アクション（肯定的差別制度）のように、性別や人種による差別を緩和しようとする試みがいろいろなされています。この波は日本の社会にも押し寄せてくるでしょう。今まで男性側に寄りすぎていたのがバーンと崩れて、一時的な女性優位（逆差別）が生じてから平坦になる。そうなるのに何世紀もかかるのか、意外とすぐに、そんな時代が来るのかわかりませんが。

「シニアハウス家族」という考え方

時代が変化してくると、当然また家族の形態も変わってくるでしょう。従来の生殖を中心とした家族とは違った家族ができるのです。

今の時代にも、能力があって男性など必要とせず、シングルで生きている高齢のご婦人はいます。上野千鶴子《うえのちづこ》さんが『おひとりさまの老後』という本を書いて、話題になりました。

この本の内容を実践しているような女性たちに聞いてみると、「老後はシニアハウスを作って五、六人で住もうよ」という話をずいぶん前からしています。

「私、いくらくらいなら出せるよ」

「軽井沢のコテージでも買う？」

「冬、寒いでしょう？」

「コンビニや病院が近くにあったほうがいいわね」

「みんなで出しあえば、都心だっていけるんじゃゃない？」

「すると、男と会うのはホテルね」

「家事分担は月番でやろうか」

「あんたやってよ、お金は払うから」

「ハウスキーパーさん雇う？」

……なんだか楽しそうです。

さて、そんな時代になったとき、男性陣はどうするのでしょうか。女性五、六人で生活するシニアハウスというのは想像しやすいのですが、男性五、六人のシニアハウスは私には想像できません。高級漫画喫茶のような感じになるのでしょうか。それぞれ好きなことをやっていて、会話はない。いずれにせよ、趣味や嗜好《しこう》を共有できる人同士でないと、厳しいと思います。

私から見て、いっしょに生活してもいいなと思うのは、同じスターを語れる人たちです。青田、川上の頃の巨人の一番から八番までをすっと言える人は話していて楽です。あのときの阪神・土井垣《どいがき》はすごかったとか、これなら盛り上がれそうです。

世代も考え方も違う子どもに気兼《きが》ねしながら生きるよりずっといいような気がしてきます。居酒屋シニアハウスです。今まで家があっても、会社と居酒屋でほとんど過ごしていたのですから、いっそ居酒屋を生活の基盤にしてしまえばいいと思うのですが。

ちょっとお酒くらい入って趣味の話で盛り上がっていないと、男の人はすぐに競争を始めます。シニアハウス内の人間関係の結びつきを強くしようと思ったら闘争集団になって、隣町のシニアハウスを攻めたり、女性ばかりのシニアハウスを襲いはじめたりするかもしれない。

女性の場合、集まって共同作業ができるのでしょうが、男性は集まっても、それぞれが自分の得意分野を発表するだけで終わります。たまに持ち寄って発表して「おお～っ」と感心されたいから、情報の収集や技術の鍛錬《たんれん》に打ち込めるのです。いかに自分の腕が優れているかを認めてもらいたいのです。みんなで分担してひとつのものを作り上げていこうというのも苦手です。

そのあたりの問題を踏まえて、男性向き集合住宅を、女性の社長にうまいこと考えていただきたいものです。ものすごく壁が厚くて、それぞれにドアがあってプライバシーを守れる集合住宅とか。それでも、集合住宅にいながら、孤老死する男性も現われるかもしれないので、ときどきリビングみたいなところで集まって、お互いの自慢話を日課にするとか。でも、どうもあまり自分の話を聞いてくれないので、「やっぱり女の人はよかったなぁ」「ウチの女房はよく話を聞いてくれた」と。これじゃ大変だから、ときどき慰問団として「聞き屋さん」を呼ぼうということになって、また女性の出番がありそうです。

「バイチョイス」のシングルマザー

家族のあり方が変貌してきて、コンビニの存在がますます大切になってくるでしょう。はじめは住民たちに寄生する形で、人のたくさんいるところにコンビニができたものですが、今はむしろ住民のほうが寄生するようになってきた。コンビニがないと、人が集まらない。かつて住宅地の価値を、小学校から何分とか、銭湯から何分で表わしていたものですが、今はコンビニから何分です。ひとりものの男性にとってはコンビニが妻であり、母となっています。女性は精子さえあれば夫はいらないけれど、男性もコンビニさえあれば妻はいらない。

そもそも結婚を制度化して、一度結婚したら別れにくくしているのは、そうでもしておかないと男と女がずっといっしょにいることが無理だからなのでしょう。

男は必要かもしれないが、ずっと同じ男でなくてもいい——いろいろな男と同棲を繰り返せばいいのです。

フランスでも、男性と女性は結婚に行きつくのが当たり前だという考え方がおかしくなってきて、男性同士でも女性同士でもかまわなくなってきましたし、異性の組み合わせでも婚姻するのとしないのがあって、どちらでもいいようになってきました。ようするに、ひとつの形に決めることが不自然になってきました。

フランスでは同棲婚（事実婚）が五一％を越えたそうです。そもそもフランスでは、少子化の進行をくいとめようと、シングルマザーに支援金を出すなどして、優遇しました。これで子どもを産む女性は増えたのですが、シングルで子どもを産んだほうが税金の補助が多いので、実質的には結婚生活を送っているのに結婚はひかえているカップルが増えてしまいました。これはあまりにまずいというので、修正しようという動きもあるようです。

シングルマザーにも、バイチャンス（偶発的）とバイチョイス（選択的）があります。結婚したんだけど夫に先立たれた、逃げられた、離婚したというのはバイチャンス。フランスのように、シングルマザーを増やそう、ひとりでどんどん産みなさいという政策にのってひとりで産む人はバイチョイス。

日本のシングルマザーはほとんどバイチャンスです。日本でバイチョイスのシングルマザーはかなり強い信念を持っている人でしょう。「結婚制度に物申す」というような主義主張を持っていないと、日本でシングルマザーとして生きるのは大変です。フランスはシングルマザーのほうが有利ですが、日本ではどう見ても不利です。

いい大学を卒業していても、結婚して会社をやめて子どもを連れて離婚した女性は、なかなかちゃんとした正社員になれません。掃除やビルメンテナンスなどの肉体労働をしながら、必死に子どもを育てている人も多い。こんな社会で少子化をくいとめようといっても無理です。

「ひとり牛丼」の女たち

夫婦ひと組のカップルがいて、子どもがいるというプロトタイプの家族は、全世界的に見てもどんどん減っているそうです。そのうちに、そういう昔ながらの家族は古典文化みたいなものになるのかもしれません。

日本でも、単身世帯がどんどん増えています。男女二人で子はいない世帯も増えて、子どもがいる世帯は三分の一に限りなく近づいています。

「おひとりさま」というのは今までの社会では本当にかわいそうでした。とくに女性の「おひとりさま」というのは何かしら惨《みじ》めと見られていたものです。女の人がひとりで旅館に泊まると、自殺するんじゃないか、そりゃあ大変だ、見張ってようとかいう話になる。女性のひとり客は泊めないという旅館はいくらでもありました。

女性がひとりで外食している風景も、ちょっと前まではあまり見かけませんでしたし、女性の「ひとり寿司」とか、女性の「ひとり牛丼」とか、女性がひとりで映画を見ているとか、ひとりで行動している女性というのは、はたから見ると何かうら哀しいというか、もの寂しいイメージを与えていたわけです。

それが今の若いお嬢さんたちは、そういう縛《しば》りを無視しています。

「え、牛丼ひとりで食べちゃいけないの？」

と、まったく意に介さない。

「寂しくないかい？　いい人紹介してあげようか」

なんて言ってるのは、おじさんたちだけで、向こうは「あんたみたいな亭主を持つよりよっぽどいい」と思っている。

女の子たちがのびのびしていて、昔の女の人のように、自分が悪くないことまでやたらとぺこぺこ謝らないのはいいことです。

夫婦も家族もどんどん変わっていく

女性差別というのはあちこちの文化にあるようで、「じゃじゃ馬ならし」という作品がシェイクスピアにあります。元気のいい女性はツメを抜いて馴《な》らすのが夫の務《つと》めでした。

けれども痛い目にあわせて馴らしてしまうと、活き活きした感じは失われますから、今度はまだ男に虐《しいた》げられていない、若くて活き活きした娘が魅力的に見える。けれども支配してしまったら、その「じゃじゃ馬」もまた死んだようになってしまいます。

女性が〝生きたまま〟生きる道は「おひとりさま」しかないのか、はたしてこの男社会の中で男性とパートナーシップを築くことができるのか、これは難問でしょう。

しかし、日本の長い歴史の中では、必ずしも女性が死んだように生きていた時代ばかりではなかったと思います。今の夫婦像は明治時代になって新しくできたものです。まるで江戸時代の武家のような軍人家族の理想像が一般庶民にも押しつけられてきたのです。同じ江戸時代でも、末端の市民や農村では、もっと自由にやっていたに違いありません。亭主を取りかえるなんてことも日常的にありました。

というわけで、これからも家族関係・夫婦関係ともども、どんどん変わっていくでしょう。豊かになって知識が増えるほど、人間は自由度が増え、必ず選択肢を増やす方向へ向かうからです。あれもあってこれもあって、どっちか好きなほうを選べるほうがいいですから、古いタブーや慣習を打ち壊しながら進んでいきます。

昔のような「女は二夫《にふ》にまみえず」といった、若くして未亡人になったら、あとは一生ひとりでいるしかない——というような社会より、ひとりでもいいし、また誰かといっしょになってもいい——という社会のほうがいいに決まっています。一度結婚したら、自動的にその相手や家族たちといっしょに墓場入り決定——なんて、妻たちはご免《めん》こうむりたいわけです。

そういう可能性がチラチラ見えている現代で、大昔にできた戸籍法みたいなものに縛られている日本の女性たちがいやになってしまうのも当然です。

日本の戸籍では夫を「戸主」とは呼んでいない、筆頭者だ、誰かを家族の頭に決めておかないと不便だからで、あれは単なるインデックスだ、と役人たちは理屈をこねるのですが、実質「戸主」と呼んでいたものを言いかえただけにすぎません。では、なぜ妻が戸主ではだめなのでしょうか。

この戸籍制度が家父長制のひとつのシンボル。戸籍そのものがもう現代の実情にあっていません。離婚がしにくい。籍が汚れるとか抜けるとか、いまだに嫡出子《ちやくしゆっし》と婚外子との差別もある。のびのび生きているお嬢さんたちと、現実の実情にあっていない戸籍制度。今はまだのんきなお嬢さんたちがこの不自由な戸籍に気がついていないだけで、自分が不自由な目にあいはじめたら、いやがるに決まっています。

そのときどうなるか。いや、すでに結婚しない人がこれだけ増えている、子どもも産まない人がどんどん増えている。今の仕組みで得をしている男の人が法律を作っているようでは、女性たちはそのうち外に逃げ出そうとするだけでしょう。

家族の形態というのは、トキのように必死に保存しなくてもいい。どんな古びた「家族」を保っていても、世界文化遺産になることはありません。そのときどきの風俗や風潮、世俗の流れが重なって変化していくのです。

そういうことを知っておくほうが、いろいろなことに寛容になれます。あなたの知っている家族像だけが唯一の家族ではない。あなたが理想とする夫婦像がいちばんいいわけでもない。たかだか一〇年くらいで、法律をちょっと変えたくらいで、家族や夫婦のあり方はどんどん変わるものなのです。自分の持っている家族像にそれほどかたくなに縛られることはありません。

どうしてうちの娘は嫁に行かないんだとか、いい年してウチの息子は……なんて、もう悩まなくてもいいじゃないですか。あなたたち夫婦を見て育ったので、「結婚なんてそれほどいいものではなさそうだ」と思ったのでしょう。きっと子どもたちのその判断のほうが正しいのです。

第4章　「結婚生活」をレビューする

～私自身、どのように「夫婦」をやりくりしてきたか～

結婚の動機

「夫は妻に憎まれている」「あなたの家は大丈夫か」などと他人事のように話してきましたが、そういう私はどうなのでしょうか。ここで私自身の結婚についても、振り返ってみる必要がありそうです。

そもそも私はなぜ結婚したのか——。私の結婚の動機ですが、かくいう私もまた若い頃は結婚はするのが当然だと思っていました。「結婚しない」という選択肢は、なじみがありませんでした。

先輩に「おまえはどういう女の子がいいのか」と聞かれて、「若くて美人で金持ちがいい」と言ったのを覚えています。そしたら「キミ、ぴったりの子がいるよ」と。それが現在の妻でした。

最初に会ったとき、妻はものもらいで片目に眼帯をしていました。当時勤めていた久里浜《くりはま》病院という海辺の病院の近くにある開業医の娘で薬学部の二年生でした。いつしかその娘さんに京浜急行の駅まで車で送ってもらうようになりました。

久里浜というところは、デートでちょっとどこかに行こうといったら葉山《はやま》です。あのあたりはかなりくねくねした道なのですが、そこをかなりのスピードでぴゅーっと走っていく。地元っ子なので、どこに行けば気の利《き》いたシーサイドのレストランがあるとかよく知っていました。

眼帯をしているのに運転がうまい。私は運転が下手。電柱だのなんだのにこすってばかりで、当時乗っていた車は片方のドアがつぶれて開きませんでした。

それが片目でどこにもこすらずしゅーしゅー運転しているものですから、「すごいなぁ。でもこんな田舎の開業医の娘など、もらったらおしまいだぞ」と思った記憶があります。

そうしているうちに、病院の食事に飽《あ》き飽きしているところへ、彼女から三段重ねの弁当が届くようになりました。どうしたものか、妻が私のことを気に入ってくれたのです。あまりおいしく立派なお重なので、最初は彼女の母親が作ったとばかり思っていました。

一週間くらい食べたあと、「キミのお母さんは料理がうまいね」と言ったら、「あれは母ではなく私が作りました」と言われた。飯で釣《つ》られるところが、まったく単純ではありますが、でもこれは大事なことなのです。

妻のほうは私の何を気に入ったのか。当時の私が将来有望と見えたのかもしれません。いやいや、妻はそういう打算のない女です。私の経験のなさが純朴と受け取られたのかもしれない。何か相通じるというか、私がやらないことを向こうがやるし、向こうが持っていないものを私が持っていたのでしょう。

私は大学から一年だけという約束で久里浜病院に行ったのですが、居心地がよくて、結局四年いました。その二年目のときにはもう結婚していました。彼女は大学三年生で二一歳、私は二八歳。

結婚が決まって、何となく浮ついた気持ちでした。なんと、それまでつきあいのあった女性たちを集めて、久里浜病院の官舎でパーティーまで開いたのです。「お別れ会」ですね。

「ほんとはキミともいっしょになりたかったんだけどね。あぁ、キミもそうだよ」

とか言って、気楽なものです。その間、妻はニコニコしながら食べ物を用意していましたが、皆が帰ったあとで、ものすごく怒りました。今考えれば当たり前なのですが、若気《わかげ》の至りというか、世間知らずというか、まったくあきれた話です。

　しかし、そのへんからすでに妻の私への不信感がふつふつと生まれていました。それは、フランスに行って爆発することになります。

最初の危機

　私たち夫婦の最初の危機は、結婚直後、フランス留学時代でした。外国にいると、日本にいるときより二人が向きあわざるをえません。船室にいるようなもので、お互いのイヤなところが見えて、つくづくイヤになってきます。

　夫婦というのは、あまり向きあうとかえって危機を深めますので、ほどほどにしたほうがいいですね。ただ、婚姻生活の資産の中には「離婚危機」というのも予《あらかじ》め含まれています。のっぺりすんなりいくわけはないし、何もなかったからいい夫婦だというわけでもない。あんな危機があった、こんな危機があった、でもなんとか乗り越えてここまできたね、というのが二人の財産だといえるでしょう。

　フランス留学は、三〇歳からの二年ですが、途中で妻が最初の子どもを連れて合流しました。私が出かけて三ヵ月くらいのときです。手紙に「来るかい？」と書いたら、一歳半の幼児を連れてすぐにやって来た。

私は語学試験の成績が悪くて、研修に入る前に語学留学をしろと言われ、ヴィシーという温泉町に三ヵ月間閉じ込められていました。その費用はフランス政府もちなので、得した気分でいたのですが、途中で妻を呼んでしまったものだから、日本語をしゃべる。おかげでフランス語はたいしてうまくなりませんでした。

パリに移ってからも、アパートに帰るといつも日本人留学生がたむろしている。妻が市場へ行ってアジだのサバだのを買ってきてはヒラキを作る。フランスパンで、パン粉をすりおろしてトンカツを作る。アジのヒラキやトンカツなんてパリにはないから、日本人留学生がどんどん寄ってくる。何だか毎日パーティーをやっていました。

ヴィシーの語学留学の仲間だったコロンビアなど南米の人々とはパリに帰ってからもよくつるんで飲んでいましたが、彼らは独身。私は妻への配慮が足りなかったと思います。私たちは小さなケンカを繰り返し、とうとう妻は、指輪をセーヌ川に放り投げて日本に帰ってしまいました。

妻が日本に帰ったあとは、食事はほとんど外か友達のところでとっていました。あるとき、大学の後輩が日本から訪ねてきました。お茶でも、と思ったが何もない。台所を見たらリプトンと書いた箱が残っていたので、後輩に飲ませました。それから外へ食事に出て戻ってから見ると、なんとティーバッグにカビが生えていたのです。惨めといえば惨め、気楽といえば気楽なやもめ暮らしでした。妻が離婚届を送りつけてこなかったことだけが、せめてもの救いだったと思います（ちなみに、医療政策についての著作や提言で知られる慶應義塾大学医学部教授、池上直己《いけがみなおき》氏が、その後輩です。あのカビ茶は彼の頭脳を適度に刺激したのかもしれません）。

ベルギーのブリュッセルあたりには、当時から日本人のビジネスマンが集まるようになっていました。彼らは一年か二年すれば帰れるのに、うつ病になったりします。うつ病になった日本人は、通訳を介してフランス人の医者にかかるわけですが、みんなフランス語で心の症状を説明するのが難しくて困っていた。そのうち、パリに日本人の精神科医がいるということで、領事館経由で私に診察の依頼が時々来るようになりました。それで、ブリュッセルまで来なくていいから、パリで開業しないかという話が来たこともあります。このままパリにしばらく住もうかなとも一瞬考えました。しかし、怒って帰った妻と子どもがこのままでは済まないだろうと思い直し、結局東京に帰ることにしました。

そういうわけで私自身、ろくな夫ではなかった。ただ、妻が怒るのはもっともだという自覚だけはありました。これが私たちの結婚が続いた理由でしょう。

第二の危機——子育てが一段落した頃

日本に帰ってきて、娘たちも小学校に入り、次女が三年生か四年生になった頃、第二の危機を迎えました。

子育てが一段落すると、「母親」に費やされてきたエネルギーが解放され、あり余るのです。その余剰のエネルギーが夫のほうにだけ向いていると、都合が悪い。今まで子育てで頭がいっぱいだったのが、私への不満と不信でいっぱいになってきたのです。

夫はわがままだとか身勝手だとか、友達を集めて愚痴を並べているのが耳に入ってきました。彼女の友人たちも「あなたはガクちゃん（私のこと）に尽くしすぎる」などと言う。確かにそのとおりなのですが、それを私に忠告してくれる人もいて、何とかしなければ、と思いました。

こういうときに「女の欲求不満はベッドで解消すりゃいい」と、単純に考える男性もいるようですが、不信と不満の原因も探らずに済まそうとするのは、配偶者の人格を否定することです。そのうちに夫のほうがプレッシャーでノイローゼになったり、妻に怒りを感じ始めたり（逆ギレ）して、いよいよひどくなります。

私は何の特技もない男ですが、職業上、人の話を聞いて、意味を考える癖《くせ》があります。このとき私が考えたのは、妻が私に関心を持ちすぎていて、夫婦間の相互支援が不均等になっているということでした。それで、彼女が社会的に活動できる場を提供するのがいいと考えました。

ちょうど、医療ではない精神療法を行なうカウンセリンググルームが日本にもあったらいいのではないかと思っていた頃でした。そんなものは日本では育たないと考えられていた時代でしたが、よい友がいて、たまたま原宿《はらじゆく》にある彼の持ちビルの一室が空《あ》くから使わないかと言ってくれた。私自身はそのとき、東京都の職員になっていて、その相談室を直接マネージできません。それで妻に持ちかけ、この新しいビジネスを任せることにしました。

経理からセラピストたちのマネージメントまでこなさなくてはなりません。妻は薬剤師ですが、セラピストとしての教育を受けていたわけではありません。ですから、職場の主役であるセラピストたちが働きやすいような環境を整えたり、クライアントの申し込みやクレームに対応したりといった下支えの仕事をすることになります。小さな集団で四、五人を雇ってやっていくのはとても難しい。妻はそこで存分に能力を発揮しました。最近、若いカウンセラーを室長にして引退しましたが、二〇年近く続けました。結局、赤字にはならずに経営していましたからたいしたものです。

妻がカウンセリングルームを始めてからは、夫婦共通の会話ができました。妻のところに来るクライアントの青年やお嬢さんの物語。何ひとつ不自由なく見えるような育ち方をしているのに親を恨んでいる、どうしたものか。こういう相談は私の専門領域です。妻の仕事に、夫が助言することができます。私自身もカウンセリングルームに時々顔を出して、ちょっと危ない、これは病院に行ったほうがいいというクライアントを見分けて病院を紹介したりしていました。

この「原宿相談室」では妻が管理者です。ですから、日常は仲良くやっていても被雇用者であるセラピストの人たちとは基本的に対立関係、緊張関係にあります。難しい問題が出てくると私に相談してくることもありました。そういうとき、年長の私は、この「業界」をよく知っている、頼りになる夫となれるわけです。

無理に二人だけで向きあわず、第三者を入れて向きあう方法

妻は専業主婦から突然キャリアウーマンに変身しました。最初は海のものとも山のものともわからなかった事業が何とか軌道《きどう》にのったのです。

私は当時、地方公務員でした。臨床をやっていたのがイヤになって東京都が人と金を出している研究所の所員になったのです。収入は当然減りましたが、そのことで妻に苦情を言われたことはありません。

もうひとつ、私たち夫婦を救ってくれたのはテニスでした。若い頃にやっていて、

一時はやめていたのですが、あるとき、蓼科《たてしな》の山小屋のそばで久しぶりにやったのがきっかけで、若い学生でもコーチに雇って練習してみようかと考えるようになりました。私が四一、二歳の頃だったので、今からもう二五年ほど前のことです。

ちょうどいいコーチも見つかりました。ただその人が女子大生だったので、一対一はまずいと思い、妻も誘うことにしました。木曜日の朝八時から品川《しながわ》プリンスホテルの裏にある屋根つきのテニスコートで練習し、終わってからコーヒーショップでブランチをしてから出勤していました。

この時間が夫婦で向きあう時間になりました。まずテニスなので、向きあわないとできません。そして会話の時間は、間に女の子がひとり入っているので、お茶を飲んでも話がはずみます。妻は私より七歳年下ですが、やはり若い子との話が楽しかったのでしょう、「えー、今はそんなのが流行《はや》ってるの?」と楽しそうにおしゃべりをしていました。

妻は調理師免許を持っているほどの料理好きで、近所の奥さんを集めて料理教室をやっていたこともあります。コーチが料理学校に通っていて、包丁を買いたいというと、「何がいい」と教えてあげたりもしていました。

そういうことが夫婦間危機をしのぐのに役立ったと思います。どうも二人の間がすれ違ってきた、向きあって会話をしよう、などと言ったって、今さら大変です。誰か他の人を入れるというのはいい手です。そのほうが二人で向きあっているより話もはずみます。

そのあと、コーチの女性がいつまでも嫁に行かないので、自分の娘でもないのに、「どうしよう」と夫婦で相談したり見合いをアレンジしたりといった関係が続きました。

旅行は、効果的？

みなさんも旅行をしたり社交ダンスを習ったり工夫はしているでしょう。はたから見ると「仲がいいわね」と思うかもしれませんが、そういうことを一生懸命やっている夫婦ほど本当は危機一髪で、窮余《きゅうよ》の一策として始めているのかもしれない。

二五年もいっしょにいたものを解体するのは、双方大変だし不経済です。なんとか丸くおさめる方法を考える。それでも別れる人がいるわけですから、夫婦でいるということは相当な修行です。

二人の間をつなぐ役目として「子はかすがい」というのがありますが、子どもが大きくなってしまったら、夫婦でスポーツというのもひとつの方法です。この場合、二人が同じスポーツに興味を持っていなくてはなりません。片方がイヤイヤつきあわされるのであれば、やらないほうがマシです。

スポーツなんておっくうだ、手っ取り早いところで旅行でもしようか、ということもあるでしょうが、旅行はあまりよい方法ではないと私は思うのです。ある古鋪《しにせ》商店の経営者夫妻は、メーカーや卸《おろし》問屋のサービスで旅行に招待されることが多い。古くからの知人なので、奥様と御主人双方から旅にまつわる話を聞くのですが、どちらかというと暗い話が多い。旅行中に妻が買い物しすぎたと夫が叱《しか》った。それがきっかけで口を利かなくなった、というような話です。「いっしょの旅行は止めたら」と言いたくなるのですが、最近もまたどこかへ出かけているようです。

旅行は単発ですし、必ずしもいい結果になるとは限りません。豪華客船「飛鳥《あすか》」に乗って世界一周なんてお金がかかりすぎてとても無理です。それに、船の上では逃げることもできず、狭い船室で向きあっていたら、ウチにいるときよりひどいことになる。パーティーのドレスコードか何かで、ひと悶着《もんちやく》ありそうです。妻だけが颯爽《さつそう》と出かけていき、夫は部屋にひきこもり、なんてことにもなりかねません。

私は去年の秋、妻と娘と三人でフランスに行って、ひどい目にあいました。最初は夫婦二人しんみりと想い出の地を訪ねる旅行のはずだったのに、次女が「私もいっしょに行く」と入ってきてから、どうもペースがおかしくなった。娘は若いから安い旅行を探してきます。中高年がこの安い旅行につきあうと大変です。

格安便の飛行機の移動だけで疲れているのに、妻と娘は元気だったりする。つぎはルーブルだの、オルセーだのと急《せ》きたてられる。私はもともと美術館嫌いです。有名絵画が一カ所にワーッとつまっているのを見ていると、お腹いっぱいで吐き気がしてくるのです。

美術館めぐりとは歩くことです。ひたすら歩く、歩く。タクシーを止めようとすると、娘が「もったいない、すぐ近くじゃない！」と、またメトロの階段を上ったり下りたりさせられます。妻まで娘の側について私を年寄り扱いする。

昼食で白ワインを飲みすぎたこともあって、セーヌの川岸を歩いているときへたり込んでしまいました。頭は「行かなきゃ」と思っても体がストライキを起こした。するると「やーね」みたいな顔をして二人が遠くから私を見ている。「この人だ〜れ？いっしょの人じゃないわ」、そんな冷たい目で。

私が連れていってやるくらいのつもりでいたら、連れ回されてしまった。そのくせ妻と娘は勝手に行ってしまうのではなく、待っている。待っているならもう少し親切にしてくれてもよさそうなものですが、かなり遠くで知らないおじさんをながめるようなふりをして待っている。でも、こんなふうにすでに嫁いだ娘と旅行できたのもあれが最後だったのでしょう。娘にしても夫や友達といっしょに行ったほうが楽しかったろうに。どういう風の吹きまわしか、私たち夫婦の旅につきあってくれた。今では良い想い出をくれたとありがたく思っています。

嫌われたくなければ、ホメ続けるしかない

妻と結婚したので他の友達には悪いことをしたくらいに思い上がっていた私も、だんだん情けない感じになってきました。すっかり立場が逆転したような気がします。若いときは「別の相手に乗りかえるのもありかな」と思ったりもしましたが、今、彼女に見捨てられると困る。こんなふうに痛切に思うのは、いつも夫のほうです。

おばあちゃんなんて女として終わっている、男なら年をとっても若い女とつきあえると思っている人、それは甘い。

老人ホームを見ていると、圧倒的に男性が少ない。だから彼らはモテているのかといえば、そんなことはありません。わずかにモテるおじいさんというのは、手足が動く人です。「ここに棚があればいいわね」と女性たちが言うと、即座に板と釘《くぎ》を持ってきて、コンコンと作ってしまう人。元大学教授なんて全然だめです。理屈ばかり言ってけむたがられる。老人ばかりの中で、「えっ、この名著を読んでいないの？　キミは人生の大半をムダにしたな」なんて、今さら説教されてもねぇ。

ですから私も今は妻に嫌われないように気をつけようと思っています。そういう気

持ちに切りかえてきたのは六〇歳を越えてからですね。還暦から二、三年たって、どうも今までとは違うよと思ったし、妻がいてくれることに以前よりずっと感謝するようになりました。なんのかんの言っても、本当の意味で私のことを気にかけてくれるのは彼女だけですから。

手足の働かない人は、せめて口を上手に動かすしかない。

たとえば私は妻の料理をホメます。とにかく妻は料理がうまい。これは本当にすごいと感心しています。ただ、妻にじっと見られながら食べるのも大変です。

私は使っている素材を聞き、味をホメるのですが、これもいつも同じように「旨《うま》い旨い」ではダメです。こういうふうに旨いと、手を変え品を変え、ホメ方を考えなくてはいけない。

ときどきサプライズも入れる。「あっ、こういうやり方もあるんだ」「あー、これはあれだ、この前麻布十番《あざぶじゆうばん》で食べた。さっそく取り入れたね」とか。さりげなく、ちょっとしゃべる。私はしゃべるのが商売ですから、そこはうまくやります。お世辞は、使い慣れないと、わざとらしくなって逆効果。けっこう難しいのです。

食事のあとは、ひたすら妻の話を聞くこと

また、食事のあとは小一時間いっしょにテレビを見ることにしています。彼女がよくテレビの前に座っているので、脇に座ってしばらく過ごすのです。

私が座るといろいろ話しかけてくるので、ふんふんとあいづちを打ちながら聞いています。近所のスーパーの話だとか孫の話が多い。そのうちに私に対する母親的な配慮も始まります。「もう少しやせろ」とか、「少しは歩け」とかいろいろご注意をいただきます。

そのとき絶対反論しないのがコツです。女の人にとってケアというのは、愛の表現です。赤ちゃんを世話するのも、人に注意するのも、愛情表現。

「あなたは人に何か言うときにキツい、もう少し柔らかく言え」

などの作法に関するご注意をいただきます。普段彼女が私を見ていていろいろ気にかかっていることを言う。それを聞きます。ひたすら聞く。反論はだめ。

その間、テレビはムダなお笑い番組をやっていたりします。毎年、出てくる芸人だけがかわって、同じような番組をやっている。私には、ニュースキャスターがかわったくらいしかわからない。そもそも、彼らが何をしゃべっているのかわからない。これにつきあっているのが実は苦痛です。コマーシャルも苦痛。

ところが妻もそうらしく、私が書斎に入ってしまうとバラエティ番組からBSの映画チャンネルに切りかえています。用事で居間に行くと、すごく難しそうな映画を見ていることが多い。この前は『ディア・ハンター』を見ていた。これは私も以前見ていて、まさに私の専門分野、PTSDを扱っている映画です。

けれどもそこで、「これはベトナム戦争のトラウマで……」と講釈を始めてはいけない。「なーにを偉そうに。得意分野だけ口をはさんでくるんだな」と思われてしまう。

だいたい講釈たれるのは夫のほうです。「知ってるか？　ベトナム戦争とは五九年から始まって」とか、自分の知っていることをいろいろ言いたくなる。こんなことをしても、ろくなことにはなりません。妻にとってはどうでもいいことだったりします。

あるいは妻ももう知っている。夫が講釈たれると、知っていることまで初めて聞くようなふりをして、感心しながら聞いてくれる女の人は多い。それなのに自分が偉くなったような気がして悦に入っている男はバカです。

だいたい女の人というのは、興味を持てば、自分から質問してきたり、自分で調べたりしますから。自分から話さないようなことは興味がない（あるいは、あなたの講釈が心底うっとうしい）と思ったほうがよろしい。

私は仕事柄、夫婦の問題にもたくさん関わってきました。ある女性のクライアントが、「夫がご飯をかみかみ二階の仕事部屋へ上がるのがイヤだ」と。

夫は仕事で成功していて、非常に忙しい。それはいいのですが、夫婦の間の交流について、その奥様は大いに不満を感じている。それで、「そうか、ご飯かみかみは、だめなのか」と学びました。

そんなわけで必ず食後は一服して、テレビを見ながら娘夫婦の話をしたり、私の母の話をする。母は老人ホームにいて、これを訪ねてケアマネと話をしてくれているのは妻です。本当は私自身がやらなくてはいけないことですが、妻に頼りきっている。こういう夫は多いでしょう。

へたに「いつも感謝しているよ」とは言いません。そんなことを言ったらわざとらしいと思うので、よけいなことは言わない。

「なんだか同じような芸人が同じような話をしてるよね」とか「この手の番組は、セットだけだから安上がりだよね」とか言いながら、書斎にフェイドアウトする。さぁ、部屋に入ったら、もう自分の世界です。夜中の一二時までに二、三時間あればいいほうです。でも時間はすぐにたってしまい、結局今夜も一時二時になってしまいます。

妻の旅行で独身貴族

妻は最近、しょっちゅう旅行に出かけます（もしかしたら私が気づいていないだけで、何か危機がせまっているのかもしれません）。

それはともかく、「これからハワイだから」と言われると、「えっ！」とびっくりします。そう言われてみればマウイ島に行くとか、ずいぶん前に聞いたような気がするのですが、それが今日だとは思っていない。

「今晩はいないの。ネコはネコ病院に預けていくからあなたひとりよ。今度の日曜日に帰ってくるわね」と宣言されます。妻にとっては以前からの予定だったのかもしれませんが、私のほうは突然ひとりになって、ピンと来ていない。

でも彼女は、自分がいない間どうすべきかということを、とてもきれいな字できちっと書き置きしていくという心づかいをしてくれます。こんなことを他の女性がやってくれるかといったら無理でしょう。まさに母親です。できればこの人より早く死にたい、残されるといやだなぁとしみじみ思うわけです。

妻が出かけてしまうと、少し心もとない気持ちもありながら、内心にんまりするところもあります。一週間いないんだな、と思うとのびのびした気分がわいてくる。

食事中にずっと見られていることもない。料理のホメ言葉に頭をひねることもない。テレビを見ながらのあいづちも必要なし。すべて自分の自由な時間です。

この気持ちは男性だけではなく、女性もわかってくれるでしょう。いや、むしろ女性のほうがわかるでしょう。どんなにうまくいっている夫婦でも、たまにはひとりになると羽《はね》がのびるものです。

ひとりのとき、妻のありがたさをかみしめる

最近は若い人と飲む機会もほとんどなくなって、妻が出かけるといつもより早くまっすぐ帰って書斎に閉じこもりっぱなしです。若い人と飲んで胸やけするのもよくないが、書斎に閉じこもりっぱなしというのも健康にはよくありません。

けれども、読みたい本もたくさんある。最近、新刊のうちに買っておかないとすぐに本が消えてなくなってしまいます。とくにあまり多くの人が読まないような本はあっという間に手に入らなくなりますので、とにかく興味のある本を見かけたら買っておく。知りあいの方が書いた本も週に一冊は届きます。そういう本がたくさんあって、読んでいない本の量がすごい。これを片付けるために速読法の本でも買おうかと思うほどです。

妻がいないと「やれやれ、ゆっくり読書ができるぞ」と思うのです。一方、この自由な時間を読書にあててしまうのも、もったいないような気がしたりする。じゃあ文章でも書こうかと思うと、ちょっとしたことが気になり、つい調べ物を始めてしまう。あっという間に一時、二時です。

おひとりさまは楽しい。けれどもこれが一週間だから楽しいのであって、妻に先立たれることを考えると恐怖です。死ぬまでレトルトのご飯はご免だ。毎日のテレビを見ながらの会話も、当たり前にあるときは「ああ、面倒くさい」と思ったりもしますが、これが永遠になくなったら寂しいでしょう。

たっぷり自由な時間があって、いくらでも調べ物もできる、読書もできる、原稿も書けるとなっても、いったいその何が楽しいのか。自由というのは、拘束《こうそく》があってこそ、貴重なものと気づくのはこんなときです。男というのは、意外に「妻のため、家族のため」などと思って日々を過ごすのが習慣になっています。その妻が亡くなってしまったら仕事もむなしいでしょう。いや、その頃には定年退職したあとで、寂しさをまぎらわす仕事さえないかもしれません。

もう一度確認しておきますが、老人ホームに入っても男性はモテません。女性は女性たちだけでけっこう楽しくやっていける。女をバカにしてイバって理屈ばかりこねていた男はひとりぼっち。妻に去られた夫はもうおしまいなのです。

そうならないようにしたければ、せいぜい妻を大切にすることです。私は六〇歳を越えてようやくそのことに気づきました。それで恥ずかしい身の上話をしながら、そのことをお伝えしたしだいです。

第5章　夫婦も「契約更改《こうかい》」！

～夫婦関係も、アパートの賃貸契約と変わらない～

夫婦関係もまた、いろいろある人間関係のひとつ

このように「結婚」ということをあらためてレビューしてみると、これは本当に大仕事だと思います。

とはいっても、結婚してしまったからには、別れるのもさらなる大仕事でしょう。私のような年齢になって、もうそんなエネルギーは残っていません。離婚するという選択肢より、妻に嫌われないように気をつけながら、なんとか結婚をまっとうして妻に先立とうと目論《もくろ》んでいます。読者のみなさんにもそういう方は多いのではないでしょうか。

ここはひとつ、今まで夫である自分のほうが得をしてきたのかもしれないと考え、これからは妻の役に立つように心がけるくらいで、ちょうどいいのかもしれません。

夫婦というのは人間関係のひとつのパターンです。人間関係にはいろいろありま す。ご近所のつきあい、親戚づきあい、上司と部下の関係、同僚の関係、学生時代の友人、姉妹や兄弟、趣味の仲間、さまざまな人間関係があります。毎日会うような人間関係もあれば、数年に一度しか会わない人間関係もある。毎日会っても、廊下です

れ違って挨拶するだけの関係はあるし、時々しか会わなくても心のうちを話せるような深い関係もあるでしょう。

夫婦というのは距離が近いだけに、他の人間関係にないややこしさがありますが、基本的には人間関係のひとつ。上手なパートナーシップが築けるかどうかは、お互いの技術にかかっています。

しかし、書店のビジネス本や心理本のコーナーには、職場での人間関係をどううまくやっていくかを書いた本がたくさん積まれていますが、妻との人間関係を向上させるために書かれた本はほとんどありません。どうも妻とのパートナーシップなんて、放っておけばうまくいくと考えているのではないですか。上司や部下といった、他人との関係には頭を悩ませているにもかかわらずです。あるいは夫婦関係のメンテナンスはもっぱら妻まかせ、妻側の人間関係スキルで維持してほしいと期待しているのでしょうか。が、そうは問屋がおろさない。

婚姻もアパートの貸借も契約関係には変わりない

「結婚前の妻は素直でおとなしく、かわいらしかった」
「あの頃の妻はどこに行ってしまったのか」
「妻はすっかり変貌してしまった。今の妻は何を考えているのかさっぱりわからない」

と思っているあなた。人間は変わって当たり前なのです。

二〇代の頃の自分と六〇代の自分では全然違う。人は常に変わるものなのですから、人間関係も常に流動的です。AさんとBさんの人間関係も、二〇代のときと六〇代のときとは当然違うでしょう。

二〇代の頃はAさんが上司でBさんが部下だったのが、いつの間にか逆転してBさんのほうが上司になっている、ということはよくあることです。そうなったらなったで、つきあい方もそれなりに変わってくる。昔とまったく同じというわけにはいきません。

だいたい、それまでの人間関係で得をしている人ほど気がつかず、ずっとそのままのパターンで行きたいと思うものです。損をしていたほうは何とか変えようとする。そして夫婦の場合、一般的に夫のほうが今までのパターンを続けたがり、妻のほうが変えよう、変えようと奮闘し、力尽きてあきらめるということになりがちです。

アパートの部屋の賃貸契約は、普通二年です。なぜなら、二年もたてばいろいろ変わる。物価も変わるし、環境も変わる。住んでいる人間の状況も変わる。あんなに羽《は》振《ぶ》りのよかった人が、借金まみれになる。だから契約は二年くらいにしておいて、続けたい場合・続けられる場合は更新する方法です。そのとき、契約内容を若干変更したりする。片方がイヤなら、契約関係をそこで終えることができるわけです。

人間関係も同じです。二年もすればいろいろ変わります。ずっと同じわけがありません。そのつもりで、小まめに関係を変えていかなければうまくいきません。最初はこういうつきあい方だったけど、これからはこういうふうに変えようと、柔軟性がなければ、すべての関係は続きません。

つまりアパートの貸借関係と同じで、人間関係も続けていきたければ契約条件を更新する。ちょっと違うなと思うところがあれば、再交渉や条約改定をする。夫婦も同じです。夫婦関係だけが「改定なし」に五〇年間もやれるわけがありません。いやむしろ夫婦関係こそ、小まめに条約改定するべきなのです。アパートをかえるより、配偶者をかえるほうがずっと大変ですね。

出産――最初の契約更改

結婚というのは、成熟した二人の大人が愛によって結ばれるものと思っている人が多いのではないでしょうか。あれはウソです。戦後の一九四七年、占領軍によって押しつけられた改訂民法による婚姻は、ラブロマンス・イデオロギーという、本家のアメリカでさえもう流行《はや》らなくなっている考え方に拠《よ》っています。ハリウッド映画で見たようなラブロマンスの末に結婚があると思わせる「嘘っぱち」の上に築かれている結婚だから、いろいろ不都合が起こってくるのです。

まわりの夫婦を見ていればわかるでしょう。成熟したカップルなど、どこにもいない。どちらかが未熟で幼稚、それを片方が面倒を見ているか、両方幼稚でバトルを繰り返しています。愛によって結ばれたのではなくて、偶然とか打算とか窮余《きゅうよ》の策とかでいっしょになっている。

「私はどこかで間違ったのではないか」と思うことこそが間違いで、結婚とはそもそも、そんなものです。それはそれでいいので、せっかく縁あっていっしょになった二人なのですから、その縁を解消して、また新たな人と契約を結ぶよりも、まず契約内容を変えながら更新していくというやり方から検討していくべきではないかと思うのです。

契約更改の最初の大きな機会は、子どもが生まれたときでしょう。

「子どもが生まれたんだから、今までのやり方のここはやめようよ」という話は出てきて当然です。たとえば、それまでの夫は、会社に適応するのに精一杯で家事をしなくても許されていた。けれども妻も仕事を持っているんだから、子育てだけは対等にしていきましょう、長時間保育の保育園を手分けして探しましょうとか、いろいろ出てくるわけです。

里の親を使ってもいい。自分は仕事をしているので、朝起きたら実家の両親に子どもを送り届け、保育園への送り迎えは「じじばば」。あるいは子どもが熱を出したら母親を呼びつける。娘の立場を適度に利用しながら、両親を下男下女として活用する方法があります。夫の親も労働力として大いに使えばよい。これは若い夫婦の特権です。

ひと昔前は三世代同居が多かったので、こういうやり方はしていませんでしたが、今のように核家族になったら、そのくらいの割り切りができる柔軟な人でないと、結婚生活は続けていけません。女性が仕事をしながら子育てを続けていくにはさまざまな困難があるのですから、「使える元気な親がいてよかった」と感謝してどんどん使う。夫もそれを応援していけばよいのです。

それが、「ちゃんとした親をやらなければならない」「親にばかり預けて、子育てを放棄していると思われる」「夫に家事をやらせるなんて」「ましてや夫の実家には……」と、舞台の上で見つめられている女優のような気分になって意識しはじめると、うまくいきません。そんなものは、ひと昔前、ふた昔前の世間的常識。「妻という役割」「母親という役割」――それまでの親の世代が信じてきた、あるいは押しつけられてきた価値観です。

古い考え方や因習《いんしゅう》に縛られる必要はありません。家風なんてものも、一代限りです。夫婦で話しあって、イチから新たなやり方を作っていけばいい。社会のあり方はどんどん変わっているのですから、夫婦のあり方・子育てのやり方だって変わって当然でしょう。

もし妻が子育てにしゃかりきになっているのなら、夫はそれを見過ごさずに、妻の肩の力をスーッと抜いてやる方法を考えなくてはなりません。そうしないと、あとでドンとしわ寄せがきます。

何のために働くか

それまでは誰かの子どもだった二人が、誰かの親になる。これは「原家族」から離れる絶好の機会です。離れるというのは、距離的に離れるとか、実家に帰らなくなるということではありません。原家族の考え方や風習などから離れて、自分たちの新しい家族なりのやり方を作っていくということです。

状況も変わるし、考え方も変わるんだから、契約更新をしていかないといけないなと、ごく自然に考えられる夫婦は、むしろ自立した夫婦です。理想の親になり、理想的な夫婦生活をまっとうできるでしょう。

子どもができたら必ず契約改定をしてください。

夫・妻が、父親・母親になったのだから……。妻は、「子どもを産んだんだから」と主張し、「育児も家事も大変なのよ、あなたもいっしょにやってくれなければ困るわよ」と新たな契約条件を申し入れる。そう言われた夫のほうも、「話が違う」などと、それ以前の関係にこだわらない。「そりゃあ、子どもも生まれたんだし、今までと同じようにはいかないいな」と考えを改めて、対応する。

現在では、仕事を持っている妻のほうが多いでしょう。子育てが終わって労働力が家に余っているのはもったいない。妻が働けば家のローンは早く返せますし、子どもの学資の蓄《たくわ》えだってできます。

ところが女性の再雇用は難しい。結婚、子育てでいったん会社をやめてしまうと、相当いい大学を出た人でも再就職の条件は格段に下がっていきます。新卒で大企業総合職に採用された女性でも、中小企業、零細企業、派遣社員となっていきます。

この状況を変えなければならないと思いますが、今の雇用状況であれば、最初に勤めた大企業をやめないほうが得です。親も夫も使えるものは何でも使って、とにかく子育てを乗り切る。先の人生だって長いのですから、長期的に見ればそのほうがメリットは大きい。女性たちは、そのことがわかってきました。ですから、「妻も、夫と同様に仕事を続けるのが当然」と思える男でないと、夫として選ばれなくなるでしょう。

男性だって同じでしょう。宝くじでも当たって一生働かなくていいのなら、会社なんてやめたい。でもやめたら食っていけないからやっているわけです。どこかの天下り理事のように、週に一、二回顔を出して済むのなら、こんなに楽なことはありません。

昼間は赤ちゃんのかわいいしぐさや成長をながめていて、赤ちゃんが寝静まってから夜働きに出る。そしてまた、赤ちゃんが起きる頃、帰宅する。そんなふうに働ければいいなと考えている若いお父さんは多いのではないですか。でも、現実は逆です。帰ってきたら、赤ちゃんはすでに眠っていて、朝早く出勤する。毎日寝顔しか拝めません。

それでも働くのです。まさに赤ちゃんが生まれたからこそ、稼がねばならないのでしょう。

大人は一食抜いても何とかなりますが、赤ちゃんはそうはいかない。さらにこの子の将来の教育費が大変です。ひとりでも大変なのに、二人ともなると、今のご時世、とても夫の稼ぎだけでは足りません。

それでも親の世代はいまだに、娘や嫁たちが結婚しても仕事を続けているとなると、「仕事が好きなのね」「やりたいことがあるのね」と言う人が多いのですが、仕事など好きであるわけがありません。学校と同じで、しかたないからやっている。考えてもみてください。日本の閉鎖的な会社の中で、もう若くもない女性が働きつづけることは、どれほど大きなストレスと努力をともなうものなのか。

子どもを保育園に預けて働き続ける若いお母さんたちに眉《まゆ》をひそめるのはもうやめましょう。

「あなたはいいわねぇ、子どもは私たちに預けっぱなし……」

なんて嫌味を言わない。親子関係も世につれ変化していくのです。

夫だけを見ている妻が、良妻なのか？

親世代のお母さんがちょっとひと言嫌味を言いたくなるのは、娘世代への嫉妬心《しっとしん》も含まれているのです。

妻たちが夫に不満を持ち、なんとかその関係を変えたいと思いながらあきらめて夫を憎んでいるのは、結局、経済的な問題が大きかったのです。子育てを終えた女性が会社勤めをするのは難しい。別れて経済的に自立していくのは至難《しなん》の業《わざ》。ですから悔し涙をのんで、我慢してきた。

自分が不自由で我慢してきたから、この環境を変えて次世代の女性たちにはもっと環境を整えてあげたいと思う人と、自分が我慢してきたのに他人が自由に外に出ているのは許せない、あなたも私と同じくらい我慢しろ、と思う人がいます。

後者のような人が多いと、今のシステムで得をしている男性のサポートも得られず、今のシステムで損をしている先輩女性のサポートも得られないことになり、女性の苦難は続きます。ですからサポートをする人にも、サポートをするだけのメリットがあるというふうに持っていかないと、なかなか事が進みません。

私は夫たちによく、「奥さんが働いたほうが、あなただって自分の自由度が増えていいじゃないの」と言います。これは詭弁《きべん》ではなく、本当にそうなのです。子育ての終わった妻がずっと家にいて、エネルギーをもてあまして夫の悪口を言っているより、仕事でエネルギーを使って、仕事のことで悩んで相談してくれるほうがずっといい。頼りがいのある夫を演じ続けられます。家族のことで悩むより、仕事のことで悩むほうがよっぽど気楽でしょう。

そこで、夫たちに言います。

「奥さんがあなたひとりをずっと見ているなんて息苦しくないですか？　夜帰宅が遅くなったら会社にまで電話がかかってきて、『あー、いるのね⁉』と確かめられる。そのうちにデスクの上にビデオカメラでも設置されて、留守番ワンちゃんみたいに四六時中チェックされるかもしれませんよ」と。

夫たちは、「どうして妻は俺を疑惑と不信感をもって見ているのか、それがわからない」と訴えるのですが、それは妻から何もかも取り上げるからです。妻の意思や自由を奪って、自分のほうだけを見ているしかないような状況に置くから、そうなるのです。

　妻にしてみれば、子どもと夫を通してしか社会とつながれませんから、会社の人事の問題にまで首を突っ込んできたりします。

「あなたと同期の人が部長になるって聞いたけど、あなたはどうしたのよ」

とか言われて夫は辟易《へきえき》とする。夫の仕事が、子どもの教育と同じように扱われるのです。

　けれども、自分のことだけを考え、家庭だけを見ていて、よそのことはあまりわからない、世間知らずで家に置いておけば安心——そんな妻を望んだのは夫のほうだったはずでした。妻は望んだとおりになった。そして夫の一挙手一投足《いっきょしゅいっとうそく》に注目した結果、夫の文句ばかりを言うようになったのです。

「妻という役割」にこだわる人たち

妻が仕事を始めてみたら、妻の年収のほうがどんどん夫を超えていってしまうという場合もあります。あるいは株に手を出して巨万の富を得るとか、逆にある日突然、妻が数億の借金を抱えているという場合もありえます。

外国の証券界では「ミセス・ワタナベ」という言葉があるそうです。つまり日本の主婦が株をたくさん買っているのです。最初は小口ですが、だんだん増えてきて、億の取引をしている個人の主婦がかなりいるのだそうです。きっとミセス・ワタナベは、金儲《もう》けだけでなく、引き離された社会とつながっていたいと考えたのではないでしょうか。ちょっと怖い気がします。

妻を退屈させておくからそういうことになるのであって、妻が会社勤めをしていれば、なかなかそういうヒマはありません。

私の知りあいの女性で、自分は充分稼ぎがあるので、夫はハンサムならいいと割り切って、二〇歳くらい年下の若い男と結婚した女性がいます。三度目か四度目の結婚だったと思います。

そうしたら、義理の父親がうるさい。あくまで嫁扱い。舅《しゅうと》はひと昔前の頭で生きていますので、自分の稼ぎで自由に生きている女性というものが理解できない。男の嫉妬もあったのかもしれません。彼女はこの義理の父親に頭にきて、離婚してしまいました。

けれども元夫と縁を切ったわけではなく、今もいっしょに住んでいます。彼女には父親の違う子どもが何人もいるのですが、元夫は父親役の保育士兼秘書兼雑用係。とにかく稼いでいるのは妻のほうなのです。戸籍上は別れましたが、実質上は夫婦です。これも契約更改のひとつのタイプだと思います。

結婚をすると「妻とはこうあるべきもの」という観念にこりかたまっている親だの親族だのが脇から登場しますが、入籍しない事実婚なら、「妻というもの」の役割に縛られることもない。カップルの間で都合のいいように契約を取り交わせばよい。

むしろこういった形のほうがうまくいくのではないかと考えているくらいです。人は、結婚という形式を先に立てると、その形式にがんじがらめになって、自分たちの頭でベストの形を考えようとしなくなります。

かりに入籍していたとしても、同居しているくらいの気でいたほうがよいときもあるのです。戸籍は、社会や集団の都合で作られた記号にすぎないのであって、夫婦の絆《きずな》を深めるためのしかけではありません。

人生は契約更改の連続

私はいつもクリニックで、この世がどうも生きにくいと思っている人たちに出会います。生きにくい人たちに共通しているのは、何かの考えにとらわれていて、それが生きるのに不都合になっているのに、なかなかその考えから自由になれないことです。

考え方を少し変えるだけで、もっとずっと楽になるのですが、子どもの頃から信じてきたことは、なかなかそう簡単には変えられないのです。日常がまともに送れないほど困って、カウンセリングにやって来るほど困って、それでもまだ考えを変えられない。

比較的いいかげんな人のほうが早く困った状況から抜け出せます。状況の変化によって、その場その場で柔軟に組みかえて変化していく。これができる人のほうが生きやすいのです。

普通、私たちは今の生活は明日もあさってても続くと思っています。私が今住んでいる家は、明日もあさってもここに建っていると思って生きている。

ところが大地震が起こって、突然、今まで住んでいた家が崩れてしまった。これは大変なショックです。ローンは大部分が残っている。子どもの写真もすべて焼けてしまった。さぁ、今まで自分の頭の中にあった条件をすべて書きかえなければいけません。あれが大事だ、これが大事だと思っていたが、とりあえず生き残ることが最優先です。

柔軟な人は立ち直りが早い。家がなくなってしまったのだから、それを前提に今後のことを考えていこう。早めに考えを切りかえて、たくましく次の対策を立てていきます。

ところが「明日もあさってもこの平穏な日が続く」と思っていた、その考えをなかなか捨てきれない人は、この突然のできごとがトラウマになってしまい、なかなかそこから抜け出すことができません。もちろん誰だって、大災害で家や親しい人を失ったときには、そう簡単にそのショックから立ち直れるものではありません。ですから、そんなとき私たちのような専門家の出番になります。

私たちは、なんとかその人がその不幸を受けいれ、受けいれたうえで「じゃあ、どうするか」と、もう一度そこから人生を歩いていけるお手伝いをするわけです。辛いことですが、人生は契約更改の連続です。生き続けていくためには、契約更改を続けていかなければなりません。もっとも、すべての人にこの能力が備わっていれば、私のような仕事も必要なくなるわけですけど。

契約更改は定期的に行なおう

でも普通は、「あなた、ちょっと私たちの結婚について、契約更改の話をしましょう」なんて妻に言われたら、かなり面倒な感じがしますね。ですから結婚するとき、「こういうところで必ず契約更改しよう」と最初から組み込んでおくといいでしょう。

まず出産。子どもができると妻の関心は子どものほうに移ります。そこで夫は子どもの父親として再契約する。妻にとって、夫は二軍落ちです。

それから子どもが思春期に入ったとき。一一歳くらいからでしょうか。小学生は四年生までと五年生以降とではまるで違う生き物になります。子どもの親離れが徐々に始まりますので、夫婦の関係も変わってくる。その頃にも契約の見直しが必要になるでしょう。

そして子どもが一五歳を越えたとき。一五歳という年齢は大切です。義務教育が終了し、仕事について経済的自立も可能な年齢になります。男の子の場合、実は精液の分泌という生物学的側面だけで見れば、この時期に男性のピークはあるのです。女の子の初潮はもう少し早い時期から始まっています。息子も、娘も今までの子どもではありません。初心者の大人になるわけです。その頃に「子どもはもう大人になりましたよ、さて私たちはこれからどういう関係でいきますか」という意味の契約更改をしておくべきでしょう。

といっても今の日本の世の中で、一六歳の子どもから家賃をとる親はいないでしょう。ですから今までどおり養うという形になりますが、子どもを介した二人関係はそろそろやめなければいけません。

また夫が一軍に復活するときです。というのは、子どもの前で、正しい夫婦の形を表現しておかないと、子どもがその悪影響を受けてしまうからです。

これからは私たち二人で向きあいましょうと確認する。そうしないと、思春期後期に入った息子を妻が追い回して、家族（とくに母親）に依存する息子を作ってしまいます。

こうして育てられた息子は、次世代の横暴男になります。「女ってやつはわからない。まったく困ったもんだ」と、夫婦のうまくいかない原因をすべて妻のせいにするような幼稚男です。お母さんが世の中の「妻」「母」の典型だと思っていると、結婚した相手のことが異星人のように見えます。「君は、母親らしくないなー。変えてもらえないか」みたいなトンチンカンなことを言い出します。

つぎに、子どもが高校を卒業して就職したり、あるいは大学に入学して親元を離れたりしてひとり暮らしを始める。これはもちろん大きな契約更改期です。子どもが「巣立ち」をしていくのは寂しいけれど、夫婦の関係がもう一度クローズアップされてきます。

順調に子どもが巣立っていった家族は、夫婦関係もまぁまぁうまくやっていたといえるでしょう。本当は巣立たなければいけない年齢なのに、学校にも行かず仕事にもつかず家でひきこもっている場合もあります。これは夫婦の契約更改が順調にいかなかったということなのです。

こうして夫婦関係の不完全がダイレクトに影響するのが、子ども——ということになります。妻がモンスターになると言われてピンとこない夫も、子どもが将来モンスターになると言われれば、何とかしなくてはと思うのではないですか。子育てだけは本当に取り返しがつきません。

子育ての場、子放しの場

家族というのは子育ての場であるのと同時に子放しの場所です。社会に向けて子どもを発射する基地のようなものだと思えばいいでしょう。昔は、子どもといっても大切な労働力ですから、家事や家業の手伝いを子どもの頃からさせられていました。社会に向けて発射する訓練が小さい頃からできていたのです。

今はその機能が落ちています。母親自身が寂しいので、子どもをいつまでも子どものまま引きとめておきたい。それをまた夫が黙ってボーッと見ている。というより、ひどい場合は見てもいない。

とにかく二二歳まで母と息子の密着した関係を黙認しておきながら、二三歳になって何もしない息子に突然、「何をぶらぶらしているんだ！」などと怒鳴りつけたところで、「今さら父親面《づら》してんじゃねーよ」と反発を食らうだけです。

本当は父親と母親が男女のカップルとして密着し、そこへ割り込もうとする息子は父親が断固として追い出さなければならない。世代間に境界を引くのが父親の仕事なのですから。ところが、自分が相手できないものだから妻には子どもを与えておく。妻の関心が子どもに向いていれば、自分は面倒くさくなくていい。性的な意味でも心理的な意味でも妻に向きあうのを避けているのです。

問題が起こってきてから「さぁ、夫婦で向きあいましょう」と始めても、あとの祭りです。問題が起こっていないうちに向きあう必要があるのです。

男性は仕事にたとえるとわかりやすいのではないでしょうか。たとえば会社で誰かが異動になった、違うやり方の部長がやって来た、そういうときには自分の考えを変える必要があります。今まではこういうやり方でやっていたけれど、これからはこういうやり方でいくのだと。

世の中の状況も変わります。今まではこういうものが流行して、ああいうものがよく売れたけど、その同じやり方では利益を上げることができなくなってきた。「どうしよう」と対策会議を開いたりする。大変でも、常にそういう変化は起きるし、対応していかなければ生き残っていけません。家族だってそれと同じことなのです。

仕事ではそういう苦労が当たり前だと思っているのに、家族間ではそんな努力は要《い》らないと思っているのがおかしい。そんな夫は、落ちこぼれ社員ならぬ、落ちこぼれ家族になりかねません。

老年期――お互いの生活圏をしっかり分けよう

人間は生身で生きているのですから、世代ごとに違う人間になっていくと思ったほうが自然です。妻がいつまでも同じ人物と信じているのはおかしいでしょう。ついでに、自分も同じ人間だと信じている人は始末が悪い。永久の愛の誓いなんていうものは危険です。

逆に言えば、永久の愛……とは言わないまでも、死が二人を分かつまで一応関係を保っていこうと思うのなら、自分も変化し、相手の変化を受容《じゅよう》する柔軟性が必要です。

さて、子どもが巣立ったあとも、たくさんの契約更改期があります。孫の誕生、家族の誰かが病気をしたとき、誰かの突然の死もあるでしょう。おじいちゃん、おばあちゃんのどちらかが亡くなったり、介護が必要になってきたり、施設に入所するというようなことも起こってきます。妻が仕事を始める、パートに出る。そのうちに夫の定年退職。今度は自分たちが後期高齢者になるなど、さまざまなことが起きてきます。

そうした家族間の変化のときはすべて契約更改期です。変化に応じて価値観も変わる。環境も変わる。今までと同じにしようと思っても無理。今までと違うつきあい方をしなければやっていけないのですから、お互いの都合を包み隠さず見せあわなければいけません。

老年期はお互いの生活圏をしっかりと分けて、夫も妻も、それぞれ違う場所で過ごす時間を多く取るべきだと思います。二人で仲良く老年期を楽しもうと思っていたあなたは、早めに考えを変えたほうがいいでしょう。仲良くしようと思えば思うほど破《は》綻《たん》するものです。

歳をとるとお互いに融通《ゆうずう》が利きにくくなっています。そこへもってきて夫は退職して生活のパターンが大幅に変わってイライラしている。妻はようやく自分の時間ができたと思ったら、夫にしがみつかれて困っている。今までお互いの顔も見ずに生活していたのに、突然、朝から晩まで顔を突きあわせて、ケンカのタネはいくらでもあります。

妻が専業主婦で、地域の人たちとの関係が深くなっていれば、そのお友達が遊びにきたりします。夫がいつも家にいると、お友達と夫の挨拶を見ているだけでイライラするらしいのです。ゆとりがあれば寝室を別にして入口も二つに分けて、夫婦で二世帯住宅のようにしてもいいのですが、それが無理であれば、「夫が確実に家にいない日を作る」という契約更改もあっていい。

もっと具体的に、たとえば月水金のこの時間帯は家にいないとか、夫は日中必ず図書館に行くとか――この家は妻に明け渡すので自由に使ってくれということです。これは喜ばれます。こんな気の利いた夫なら、まぁ、最後まで面倒を見てやってもいいかと思ってもらえるかもしれません。

人生最大の契約更改

妻も仕事を持っていた場合は、夫がそれまでどれくらい家事を担当したかによって、老年期の運命が決まってくるでしょう。共働きの夫婦は妻のほうが何倍もたいへんです。夫が思い切って家事の負担を引き受けてようやく平等性を確保できます。

そのあたりをカン違いしていて、理念的には「夫も家事を分担するべきだ」と思っていても、手足が動かない人が多い。こういう夫は「早く逝《い》かないかな」と心から憎まれています。やたらと塩気の強い食事を盛られたりしているかもしれません。夫の退職と同時に「私のほうもヒマをとらせていただきます」となってしまうケースもよくあります。

難しいとは思いますが、定年退職後は思い切って生活パターンを変えたほうがいいでしょう。すなわち、ここが最大の契約更改時です。妻のほうも、その前段階からしっかり自分の立場を打ち出しておかないと、鈍感な夫は「寝耳に水」という感じでびっくりします。

結婚してだいたい三、四年で「離婚」という話が出てきて、それを通り越すと、今度は妻があきらめてしまい、声さえ聞こえなくなってきます。それが、定年間近になると再び頭をもたげてくるのです。

妻はやはりあきらめていなかった！　復讐心を胸に秘め、いかに夫に効果的にダメージを与えるか、チャンスをねらっていたのです。こうなったら、もうおしまい。夫は、「蛇にニラまれた蛙《かえる》」なのです。

今は夫の定年まで待つ人は少なくなってきたかもしれません。妻のほうも経済的になんとかやっていければ我慢する必要がないのです。

離婚したい女性の受け皿が、以前は本当にありませんでした。ここ一〇年くらいでかなり整備されてきてはいますが、企業も口できれい事を言うほどちゃんと女性を雇用していません。まだまだ大変ですが、何人もの女性がいやな思いをして築いてきた経過があって、多少はマシになってきています。

以前に比べたら、不自由な結婚生活から逃れようと、自分で生きる道を探すことに挑戦する妻が増えています。すると価値観も変わってきます。たとえ自分の思うとおりにならなかったとしても、勝負に出たことで満足したり、他の異性関係を持ってみたり、何かを得たりします。夫が望んでいる妻とはますます変わってしまいます。

夫のほうも、「妻にメンツをつぶされた」と無理やり浮気をする人がいます。妻を悪と見なして、心の中でそんな新しい価値観を持ってしまった行動的な女性を抹殺します。新しく選んだ人は、妻とは対極的な、野心を持たない、無能に見える人です。その女性の上に君臨して、男としてのメンツを取り戻したいのでしょう。

でも女性が優しそうに見えるのも策略ですから、その新しい女性さえどうなるかわかりません。まったく男というのは、同じ間違いを何度も繰り返す生き物なのです。

お互いのメリット・デメリットを書き出してみよう

私は夫婦の契約更改のひとつとして、どこかの段階で妻が外へ出て働くことを勧めたいと思います。たとえ短期のパートでも、出ないよりは外へ出たほうがいい。

ただ、そのときに一応夫の経済力で安定しているからといって、安い賃金で働いてしまう、それが女性全体の賃金を下げてしまうという弊害《へいがい》はあります。自分で食べていくためではない、一応外に出てみることが目的だからといって、安い賃金で働いてしまう人が多いと、「女性の低賃金」が固定化してしまい、その賃金だけで食べていかなければならない人たちの迷惑になります。

女性が仕事で食べていける受け皿がないと、いつまでたっても男の人に甘く見られて、契約更改も対等にできません。女の人から契約更改の話など、とても切り出せなくなってしまいます。

職業がないと保育園も預かってくれません。失業中でこれから職を探しますというときに、子どもがいたら職探しも満足にできません。こんな男性優位の社会は早く変えるべきですが、今すぐは変わらない。だからこそ、妻に何が必要か、何が不満なのか、夫はいつも気にかけていなければならない。そういう夫との間では離婚騒ぎは起こらないでしょう。

冷静に考えてみれば、結婚というのは地獄のドアを開くようなものなのです。相手のイヤなところをいろいろ見なくてはなりません。ですから、お互いにある程度手の内を見せあったほうがいい。あまり曖昧《あいまい》なことを言いあっていても結婚生活は成り立ちません。

最初の五年くらいで、いいところ・悪いところを書きあって、「あなたとの結婚生活はこういうメリットもあるけど、こういうデメリットもある、どんなもんですか、これからこんなもんで行きますか、やめますか」と。あるいは、「たった五年でお別れもみっともないから、見栄《みえ》だけで続けましょう」でもいいんですよ。見栄だけで続けましょうと妥協できるくらいなら、それはそれでうまくやっていけそうな夫婦といえます。

契約更改時には必ずこれをやる。メリット・デメリットを洗い出して、お互いに確認しあい、妥協点を探るわけです。ビジネスの交渉と同じこと。これが、二人の結婚関係のメリット・デメリットです。

「そこをもうひと声」「いやいや、もうこれ以上は。泣いちゃいますよ」「わかりました、勉強させていただきます」とか言って、夫婦に対する固定イメージを抜きにして交渉するわけです。交渉事ですから、「以心伝心」とか、「相手の心情を慮《おもんぱか》って」とかは一切ナシです。言いにくい問題こそ、言葉にして吐き出します。

その結果、「私たち夫婦なんだし、お互いに相手の愛情関係には踏み込まないでおきましょうね」なんて条件を作ってもいいわけです。「夫婦のセックスはもう卒業よ」「不倫は文化ということで」――これも夫婦間で一致していれば何ら問題ありません。一致していない場合に問題が起こるのです。

結局のところ、夫婦って何ですか？

だいたい夫婦というのは相互に似てくるものです。兄妹のようになればセックスもなくなってくる。男女のカップルというより「家族」になる。これが日本の夫婦には多い。西洋ではいつまでもラブロマンスの延長で男女のカップルを維持しようという努力をしていますが、これはこれで大変そうです。

歳をとって実の兄弟・姉妹で住んでいる人もいます。離婚したあと、夫に先立たれた姉と住むとか、独身の兄妹で住むとか。それぞれの愛情関係にはもちろん立ち入りません。こうした兄と妹みたいなカップルになってもいいのではないでしょうか。その場合、性的な存在としての自分は、「家の外」にパートナーを見つけることになります。

男の性は攻撃性と隣りあわせのようなところがありますが、夫婦関係は順調に進めば親密性を増すわけです。親密性と性欲とはなかなか両立しない。たとえば同居をするのは兄弟にしておいて、夫婦はときどき通いあう関係にしておけば、新鮮さを保てるのでは——という考え方も成り立つでしょう。自分の目が届かないところで相手が何をやっているかわからないほうが、うまくいきそうです。それくらいに変化の幅を持たせてもよいのではないかと私は考えています。

自分の行動に目くじらを立てる相手に、「じゃぁ、別れましょう」と切り出すのは、たいてい妻のほうです。そうなると夫のほうは、浮気されて、捨てられて、それこそ惨めな晩年を迎えることになります。

もっと言えば、「家族」が血縁である必要もない。実のところ、夫にとっては子どもが自分の子かどうかもはっきりはしません。妻がそう主張するから、信じているだけのことです。そのことに不審を抱く男性が多いから、唾液《だ》によるＤＮＡの簡易鑑定などが商売になるのです。

しかし、そこまで自分のＤＮＡにこだわることもないような気がします。「自分が愛する女性の子なら、自分にとってもかわいい」と思うことこそ、男らしいと思います。

最終章　夫婦というパートナーシップ

～ひとりぼっちにならないために～

チェンジングパートナーのすすめ

いろいろと身も蓋《ふた》もないことを言ってきましたが、ようするに男も女も柔軟性が必要だということです。ひとつの考え方に固執《こしゅう》してもいいことはありません。

結婚する、しない――も、ひとつの選択肢。どの相手とするかも、ひとつの選択肢。男女間の関係をもう少しゆるめ、チェンジングパートナー（相手をかえる）をしやすくするほうが、お互いの関係を続けていこうという努力もまた生まれるのではないでしょうか。

一度結婚したらもう離婚できないと信じ込んでいると、いい目を見ているほうがその関係にあぐらをかくことになります。けれども夫婦関係なんて、いつどうなるかわからないのですから、その不安定さを自覚すれば、マメに修繕しようという気持ちも出てくるでしょう。

契約をきちんと果たしていないと、二年後の契約更改時に捨てられるかもしれないと思えば、お互いにとっての魅力やメリットを維持しようという努力もするようになります。仕事にばかりかまけて妻に逃げられては大変だと思えば、職場に対しても労働条件の改善を要求できます。

日本のビジネスマンは確かに忙しいのですが、その気があればいそいそと家に帰るので、どうも家に帰るのが面倒なので忙しくしているということもあるわけですから。

チェンジングパートナーをしやすくし、婚姻以外の異性関係を持つことも当たり前というふうに社会が考えを転換すると、もう少し夫の妻に対する関心が高まるでしょう。いろいろかえてみたら、やっぱりこの夫のほうがマシだった、妻のほうがマシだったという結論になることもあるでしょう。ただ、嫉妬による殺人などは多くなるかもしれません。

一方でビジネスとしての保育産業は盛んになります。子どももママ、ママとこびりついていられなくなります。ママも仕事や異性関係で忙しい。最近ではもう、ビジネスとしての保育産業が成立する方向に動いていています。まだ母親幻想が強く働いていますから、あまりそのことが取りざたされませんが、これからどんどんそうなってくるでしょう。

母親が働けば出会いも増えるし、子どもを保育園に預けてジムやカルチャーセンターに通っているうちに、そこで知りあった男性と関係ができたりする。夫との性生活だけにこだわる必要もなくなってきます。

選択肢《し》は多ければ多いほどよい

夫に性的魅力を感じず、内心夫をバカにしていると、それは子どもに伝わります。だからといって「もっと夫を尊敬しましょう」と言っているのではありません。なぜそんな空虚な結婚で満足していられるのかを自分に問うてみましょう。

夫に性的魅力がないのなら、性的魅力のある人と出会えばいい。私はクライアントに対して、出会う場所まで具体的に指示することもあります。都心の一流ホテルのメインバー。カウンターでブラディ・マリーでもマルガリータでもいいから女ひとりでハデな色のカクテルでも飲んでいてみなさい。必ず七時になると「隣に座っていいですか」とか、「あちらのお客様がこれを」と言って来る。早めに行かないとダメです。深夜はカウンターがいっぱいになっていますから。

ところがたいていの妻は案外、その先には行かないのです。そこまで行く勇気がない。そこではじめて、「自分には、小説に出てくるヒロインと同じようなことができるのか」と考えるようになります。

スキーと同じで、とりあえずリフトで上まで行ってみて、すべるのか、やめるのか。「私には無理だ」と思えば、もう一度、安心夫との結婚を見直してみればいいのです。

あるひとり者の三〇代高校教師にこれをやらせたら、年配の男性と、普段は食べないような冬場のすっぽんとか初冬のふぐとか食べに行っていました。そういうおじさんから見ると、三〇代の、一見お嬢さんのように見える若い女性と食事をするのは、それだけで楽しいものなのでしょう。性的関係はないまま数年関係が続いていました。

妻であっても同じです。そういう関係をたくさん持って、他の男と夫を比べているうちに、夫のよかったところを思い出すこともあります。もともとたくさんいる男の中から夫を選んだのには、選んだなりの理由もあったはずです。結婚すると隣の芝生が青く見えますが、隣の芝生を刈ってみたら、やっぱりうちの芝生も悪くなかったということもあるのですから。

一戸建てより、賃貸

チェンジングパートナーをするには、なるべく一戸建ては買わないほうがいい。すぐ動けるよう身軽にしておきましょう。家はできれば賃貸で。三〇年ローンなどという借金奴隷になってはいけません。

結婚相手を選ぶのも投資ですが、そのとき固定的にこれがずっと続くと考えると、再回転するのは大変な出血だという考え方になってしまいます。持ち家を買う発想です。

買った家がしばらくしたら値上がりしてさらに高く売れた時代もありましたが、今はそんなことはありません。だったらずっと賃貸のほうがいい。余剰分を投資に回せますし、かりに失敗したなと思っても、礼金と引越し代だけで、すぐ次に移ることができます。

妻選び、夫選びもそういう考え方にするのです。いちおうこの相手に投資してみる。でもあんまりよくなかったなと思ったら他に投資し直す。それくらいの考えでいるほうが婚姻率が上がるでしょう。持ち家を買うとなったらよくよく検討するけれど、賃貸のアパートだったら小まめに引越しできるのと同じです。

「とりあえず結婚」をし、二年後に見直し、契約更改。株投資でいえば、ポートフォリオの入れかえです。資産を分散投資する。安定志向の人は現金預金を多くしたり、リスクをとっても儲《もう》けたい人は株を多くしたり。そういうことを夫側、妻側双方で考えるわけです。

ひとりの相手にすべてを賭《か》けないほうが、うまくいく——。危険を回避できるのです。

「家族間流動性」——次の家族へと移る自由

日本ではいまだ、夫婦別姓でさえ実現していません。しかも、全員が別姓にしなくてはいけないと言っているわけではない。「選択的な」別姓でもよいのです。それでも頑強に反対する人がいる。なかなか他人の自由を認めてくれない社会なのです。籍は入れない事実婚という選択肢もあります。そうすれば、親族関係の面倒くささも軽減されるでしょう。親族という、結婚の中のいちばん危うい部分に踏み込まずにすみます。そのかわり、遺産相続にはあずかれません。

そういう結婚はいやだ、私はお父さんもお母さんもやっていたとおりの結婚をしたい、という人はそうすればいい。人によって、こっちでもいい、あっちでもいいという選択肢を持って、その中から自分で形を選び取れたほうがいいのです。

同じ異性と長く暮らすのは大変なことです。推定ですが、江戸期の日本は今より離婚率が高かったらしいのです。アメリカやロシアでも日本よりずっと離婚率が高い。

私は、ひとつの家族から次の家族へ移る自由のことを「家族間流動性」と呼んでいます。今はこの流動性がねばっこく、一回結婚して離婚すると、ヘタをすれば戸籍上は自分の産んだ子まで持っていかれてしまいます。しかも女性は離婚して半年間は再婚してはいけないとか、とんでもなく不自由です。

妊娠した子どもはお母さんといっしょにお腹にいるのに、出産したら自動的に男のもの。実に不合理な制度がたくさんあります。冷静に考えて、自分のためにも後の世代のためにも、結婚に関わる法律を変えていかなければならないと思います。

こうしてチェンジングパートナーがしやすくなり、女性がちゃんと経済的に自立できるようになれば、夫たちは「誰が稼いでると思ってるんだ！」という、あの愚かなセリフを吐けなくなります。もちろんそのセリフは、ひと言漏《も》らさず蓄積されていて、晩年の弱りきった夫たちをさいなむことになるのですが。

今まで、男は自ら女を働かせないシステムを作っておいて、自分が稼いでいることを金科玉条《きんかぎょくじょう》のように突きつけてきたのですが、それもだんだん変わってきています。この頃は「生活費はキミのお金でやろうね」と言う男の人も増えてきていて、これはこれで従来型の結婚を希望する女性たちの顰蹙《ひんしゅく》をかっています。

人はひとりで生きていけるほど強くない

夫には、母親に絶対的な信頼を寄せているゆえ、その後釜《あとがま》に妻をすえたいという野心がありました。妻にもなるべく平和な結婚生活を期待し、良き母、良き妻を演じてしまうところがありました。まずその双方の考えを変えましょう。「男が稼ぎ、女が家を守る」というのは止める。「女は素直でかわいく、男が女を守る」というのも止める。女性もたくましくて丈夫なのがいい、その上、頭もよければ言うことないというふうに考えを変えていきます。

そうすれば、妻といっしょにテニスをやって、完膚《かんぷ》なきまでに打ちのめされても夫婦関係がぎくしゃくすることはありません。

釣りを始めたので一生懸命「沢歩きのコツ」とか読んで研究し、妻を連れていったらあっという間に妻のほうがうまくなってしまっても、「そんなキミが素敵」と思えるように自己改革をする。「さすがうちの妻、なんでもすぐ上手になる」「僕のために旨い魚を釣ってきてくれるか」と喜ぶわけです。

小津安二郎の映画の頃は、娘が嫁に行かないと人非人《にんぴにん》のような感じでしたが、今や「二〇代で結婚? 早いわね」という雰囲気になってきています。もう少し先になれば結婚する人のほうが珍しくなるでしょう。家族を作ったとしても簡単にバラけてしまいます。相当強く、家族は維持したほうがいいのだという気持ちで押し通さなければば、家族制度は早晩《そうばん》崩壊することが目に見えています。

子産み、子育ての期間は親が固定していたほうがいいと思いますが、その期間を過ぎたらずっと固定している必要もありません。ただ、家族というものをまったく持たずにやっていけるほど人間は強いかというと、そうでもない。

人間的魅力があって、たくさんの女性を自分の魅力によって虜《とりこ》にして、ドンファンのように渡り歩けるかというと、そんなことはありません。破《わ》れ鍋《なべ》に閉《と》じ蓋《ぶた》で、帰る場所がある、守る家がある、そこにいたいけな赤ちゃんがいるほうがいいな、という気になってくる。

ひとりで暮らすのも気軽でいいかもしれないけど、そのかわり荒野にひとりで立つような緊張感を常時持っていなければなりません。今は〝おひとりさま〟のためのいろいろな施設がありますし、以前に比べればおひとりさまの生活もしやすくなっていると思いますが、それも東京などの大都市圏に限ってのことです。

何のために他人同士が結婚するのか

男と女の間には深い溝があるなどと言いますが、男と男の間にだって、女と女の間にだって深い溝がありません。相手が男だからわからないわけではない。相手が女だからわからないわけではない。相手が異性だからわからないわけではなく、もともと他人というのはわからないものなのです。

違う人間同士がコミュニケーションするのは相当難しい。難しいから、相手が異性であるせいにしているだけなのかもしれません。いっしょにいればいるほどその難しさが際立《きわだ》ってくるから、夫婦の間で問題が起こりやすいのですが、同性の友達と二人で暮らしてもうまくいくかどうかはわかりません。やはり技術が必要になってくるでしょう。

「誰かのために」生きているという、わさびのような刺激がないと、人は本当に生きている気がしないものなのではないでしょうか。女の人はそれを子どもに望み、ダメな男に望む。「この人は私がいなければ生きていけない」というのが、自分の充足のために必要です。

男の人も「妻のため、子のため」と思うからがんばっている。出世のためだとか、「今が俺の仕事にとって大切な時期なんだ」とか言って、あとになって考えればばかばかしいことを、家族のためと信じて一生懸命やってきたわけです。

妻の本音は、出世なんてどっちだっていい。それより家族でいっしょに食卓を囲めるほうがずっとよかったりするのですが、夫がそれを読みちがえるのは、「異性だから」という理由だけではないのです。同性だって読みちがえる。だから、人間関係はしょっちゅう微調整をしなければならないのです。

いろいろ大変だけど結婚する意味って何なんだろうと考えると、ひとりでは寂しいから――というところに行き着くでしょう。やっぱり家に帰って家族がいるほうがいいかなと。

結局、死ぬまで添い遂《と》げてしまうのかもしれない……

パートナーシップを作るときは相補うところがあるほうがいいのかなと思います。

二人とも頭がよく回転して目立ちたがり屋で社会的な野心が満々なカップルというの

は、すぐ別れてしまいそうです。クリントン夫妻のような例外もありますが、あれはあれで大変そうだ。

うまくいっているカップルを見ると、どちらかが支え役に回っています。もちろん、妻が必ずしも支え役になるとは限らない。

「女はバカなほうがいい」

「男は度胸、女は愛嬌《あいきょう》」

などと言っているうちは、まともな夫婦関係は作れません。

世間的な常識や、自分が生まれた家族の固定観念から離れて、個人と個人でその関わり方を考え直してみようということになると、なかなかエネルギーが必要です。大変ですが創造的な作業です。

こうなると、結婚という形式も取らないかもしれない。だけどあなたといっしょにいるのが心地いいからいっしょにいると、その人たちは言うでしょう。

そんな理想的な夫婦など、ごくわずかでしょうが、なんだかんだ言いつつ、最後まで夫婦でいるカップルのほうが多い。みなさん工夫しているのです。

老年になってからチェンジングパートナーをするのが面倒だという人は、私のように、妻に嫌われない努力を始めたほうがいいでしょう。

料理をホメたり、いっしょにテレビを見たり、一方的な妻の話にあいづちを打ったり、妻の誕生日に花を贈ったり、妻が探していた本を見つけてあげたり、たまには手料理に挑戦してみたり――お金を使わないでもやれることはいくらでもあります。

「どうしたの、気持ち悪い……」

とか言われても、「せっかくやってやってるのに、もうちょっと気の利いた言い方はできないのか」なんて怒らない。妻に捨てられた、寂しく不自由な老後を想像すれば我慢できるというものです。

「結局、この人だけが自分のことを本当に心配してくれる家族なのだ」

ということをよくよく考え、これからの夫婦関係を作り直していきませんか。

夫婦関係はそれほど安泰なものではありません。

いつ捨てられてもおかしくないことを前提にして、捨てられないように気をつける。気づきと努力――結局、これが結論になります。みなさんのご健闘を祈りながら、私もせいぜいがんばります。

切りとり線

★読者のみなさまにお願い

この本をお読みになって、どんな感想をお持ちでしょうか。祥伝社のホームページから書評をお送りいただけたら、ありがたく存じます。今後の企画の参考にさせていただきます。また、次ページの原稿用紙を切り取り、左記まで郵送していただいても結構です。

お寄せいただいた書評は、ご了解のうえ新聞・雑誌などを通じて紹介させていただくこともあります。採用の場合は、特製図書カードを差しあげます。

なお、ご記入いただいたお名前、ご住所、ご連絡先等は、書評紹介の事前了解、謝礼のお届け以外の目的で利用することはありません。また、それらの情報を6カ月を超えて保管することもありません。

〒101―8701（お手紙は郵便番号だけで届きます）
祥伝社新書編集部
電話03（3265）2310
祥伝社ホームページ　http://www.shodensha.co.jp/bookreview/

★本書の購買動機（新聞名か雑誌名、あるいは○をつけてください）

＿＿＿＿新聞の広告を見て	＿＿＿＿誌の広告を見て	＿＿＿＿新聞の書評を見て	＿＿＿＿誌の書評を見て	書店で見かけて	知人のすすめで

★100字書評……「夫婦」という幻想

名前

住所

年齢

職業

斎藤　学　さいとう・さとる

1941年東京都生まれ。家族機能研究所代表。精神科医。慶應義塾大学医学部卒業。心理カウンセリングやワークショップを通して、アルコール・タバコ・薬物・ギャンブル・過食・拒食・浪費などへのアディクション（「嗜癖」いわゆる中毒）、人間関係や性的交渉への依存症、児童虐待・家庭内暴力など、家族機能の不全から起こる問題に取り組む。著書は、『「家族神話」があなたをしばる』『「家族」という名の孤独』『家族の闇をさぐる』『インナーマザーは支配する』など多数。

「夫婦《ふうふ》」という幻想《げんそう》
なぜ、結局《けつきょく》いがみあってしまうのか

斎藤《さいとう》　学《さとる》

2009年9月5日　初版第1刷発行
2011年3月15日　第2刷発行

発行者……………竹内和芳
発行所……………祥伝社しょうでんしゃ
〒101-8701　東京都千代田区神田神保町3-6-5
電話　03(3265)2081(販売部)
電話　03(3265)2310(編集部)
電話　03(3265)3622(業務部)
ホームページ　http://www.shodensha.co.jp/

装丁者……………盛川和洋
印刷所……………萩原印刷
製本所……………ナショナル製本

Printed in Japan　ISBN978-4-396-11172-4　C0211

〈祥伝社新書〉
目からウロコ！　健康“新”常識

〈祥伝社新書〉
好調近刊書―ユニークな視点で斬る!―

149
台湾に生きている「日本」
建造物、橋、碑、お召し列車……。台湾人は日本統治時代の遺産を大切に保存していた!
旅行作家 片倉佳史

151
ヒトラーの経済政策
世界恐慌からの奇跡的な復興
有給休暇、ガン検診、禁煙運動、食の安全、公務員の天下り禁止……
フリーライター 武田知弘

159
都市伝説の正体
こんな話を聞いたことはありませんか
死体洗いのバイト、試着室で消えた花嫁……あの伝説はどこから来たのか?
都市伝説研究家 宇《う》佐《さ》和《わ》通《つう》

166
国道の謎
本州最北端に途中が階段という国道あり……全国一〇本の謎を追う!
国道愛好家 松波成行

161
《ヴィジュアル版》江戸城を歩く
都心に残る歴史を歩くカラーガイド。1~2時間が目安の全12コース!
歴史研究家 黒田　涼

〈祥伝社新書〉
話題騒然のベストセラー！

042
高校生が感動した「論語」
慶應高校の人気ナンバーワンだった教師が、名物授業を再現！
元慶應高校教諭
佐久 協《やすし》

044
組織行動の「まずい!!」学
どうして失敗が繰り返されるのか
JR西日本、JAL、雪印……「まずい！」を、そのままにしておくと大変！
警察大学校主任教授
樋口晴彦

052
人は「感情」から老化する
前頭葉の若さを保つ習慣術
四〇代から始まる「感情の老化」。流行《はや》りの脳トレより、この習慣が効果的！
精神科医
和田秀樹

095
デッドライン仕事術
すべての仕事に「締切日」を入れよ
仕事の超効率化は、「残業ゼロ」宣言から始まる！
元トリンプ社長
吉《よし》越《こし》浩一郎

111
超訳『資本論』
貧困も、バブルも、恐慌も――、マルクスは『資本論』ですでに書いていた！
神奈川大学教授
的場昭弘